城市道路交通组织设计系列手册

城市主干路交通组织设计手册

公安部交通管理科学研究所 编著

机械工业出版社

本书总体内容分为"基本概念""基本方法""综合应用"三个部分，着重从城市主干路交通时空资源的精细化组织方面介绍改善通行安全、提高通行效率、规范交通秩序等的基本原理、方法策略及经验做法，具体内容包括城市主干路的界定、主干路交通组织设计的内容和基本流程、车道空间布置、交叉口时空协调交通组织、接入管理、交通管控措施、慢行交通组织、重点车辆通行组织等。书中还提供了大量实际应用案例，为主干路交通组织设计方法的落地应用提供了借鉴和参考。本书可供交通管理部门、高等院校、科研院所、设计咨询公司等单位的专业人员阅读参考。

图书在版编目（CIP）数据

城市主干路交通组织设计手册 / 公安部交通管理科学研究所编著. — 北京：机械工业出版社，2023.11
（城市道路交通组织设计系列手册）
ISBN 978-7-111-74207-4

Ⅰ.①城⋯　Ⅱ.①公⋯　Ⅲ.①城市道路–交叉路口–设计–手册　Ⅳ.①U412.35-62

中国国家版本馆CIP数据核字（2023）第214758号

机械工业出版社（北京市百万庄大街22号　邮政编码100037）
策划编辑：李　军　　　　　责任编辑：李　军　刘　煊
责任校对：郑　雪　梁　静　责任印制：邵　敏
中煤（北京）印务有限公司印刷
2024年1月第1版第1次印刷
184mm×260mm・9印张・2插页・170千字
标准书号：ISBN 978-7-111-74207-4
定价：99.00元

电话服务　　　　　　　　　网络服务
客服电话：010-88361066　　机　工　官　网：www.cmpbook.com
　　　　　010-88379833　　机　工　官　博：weibo.com/cmp1952
　　　　　010-68326294　　金　书　网：www.golden-book.com
封底无防伪标均为盗版　　　机工教育服务网：www.cmpedu.com

《城市主干路交通组织设计手册》

指导委员会

主　任：李江平

副主任：李　伟　王长君　孙正良

委　员：李　辉　韩书君　黎　刚　王　健
　　　　刘东波　戴　帅　曹长剑　马万经
　　　　陆　建　李瑞敏　金　盛　姜文龙
　　　　张水潮　戴继锋

《城市主干路交通组织设计手册》

编撰委员会

主　编： 俞春俊　公安部交通管理科学研究所
　　　　　张水潮　宁波工程学院

副主编： 宛　岩　宁波工程学院
　　　　　李　娅　公安部交通管理科学研究所
　　　　　周明妮　宁波工程学院

参　编： 付　强　公安部交通管理科学研究所
　　　　　张雷元　公安部交通管理科学研究所
　　　　　汤若天　公安部交通管理科学研究所
　　　　　邱红桐　公安部交通管理科学研究所
　　　　　郭　璘　宁波工程学院
　　　　　贺康康　宁波工程学院
　　　　　许菲菲　宁波工程学院
　　　　　顾姗姗　宁波工程学院
　　　　　邢斌斌　宁波宁工交通工程设计咨询有限公司
　　　　　范新科　宁波宁工交通工程设计咨询有限公司
　　　　　谢利明　宁波市公安局交通警察局
　　　　　李贤达　宁波市公安局交通警察局
　　　　　胡　康　宁波市公安局交通警察局
　　　　　程金良　浙江省公安厅交通管理局
　　　　　白舒安　江苏省公安厅交通警察总队
　　　　　白　玉　同济大学
　　　　　刘拥辉　浙江数智交院科技股份有限公司

前　言

随着我国城市社会经济的快速发展以及城镇化进程的不断推进，城市道路交通量迅速增长，交通拥堵、交通事故、环境污染等问题日益加剧，制约了城市的社会经济发展。为深入贯彻中央城市工作会议和习近平总书记系列重要指示精神，推动治理交通拥堵、出行难、停车难等"城市病"，公安部等四部委决定进一步创新城市道路交通管理模式，从2017年起在全国组织实施"文明畅通提升行动计划"，并明确提出"交通组织提升工程"等五大主要任务措施。2023年公安部在全国大力实施"城市道路交通精细化治理提升行动"，强调用"绣花"的功夫完善管理、科学治理、优化服务。在此背景下，有必要组织编撰具有中国特色的城市道路交通组织设计手册，用于科学指导各地的城市道路交通拥堵治理工作。

根据当前城市道路交通组织管理工作的实际需要，我们拟编撰以下系列手册：平面交叉口渠化设计、交通信号控制设计、指路标志设置设计、主干路交通组织设计、快速路交通组织设计、区域交通组织设计、路内停车管理设计、公交优先交通组织设计、施工作业交通组织设计、智能交通管理系统结构和功能设计等手册。本系列手册的内容既有基础理论的介绍，又有实战经验的总结，力求通俗、易懂，对解决实际问题有较强的指导性和可操作性。

本分册为《城市主干路交通组织设计手册》，着重从城市主干路交通时空资源的精细化组织方面介绍改善通行安全、提高通行效率、规范交通秩序等的基本原理、方法策略及经验做法，具体内容包括城市主干路的界定、主干路交通组织设计的内容和基本流程、车道空间布置、交叉口时空协调交通组织、接入管理、交通管控措施、慢行交通组织、重点车辆通行组织等。书中还提供了对应章节内容的大量实际应用案例，可以为主干路交通组织设计方法的落地应用提供借鉴和参考。

本分册编撰工作由公安部交通管理科学研究所牵头，联合宁波工程学院、同济大学、宁波市公安局交通警察局、浙江省公安厅交通管理局、江苏省公安厅交通警察总队、宁波宁工交通工程设计咨询有限公司、浙江数智交院科技股份有限公司等单位共同完成。在编撰过程中，从需求调研、素材收集、案例整理，到编辑整合、汇编成册，各单位分工合作、反复研修，付出了很大的努力和心血，在此由衷地表示感谢！广东振业优控科技股份有限公司等单位为手册提供了丰富的实战案例，并在技术应用方面提供了宝贵的建议和帮助，在此也表示感谢！同时，还要对引用参考的所有文献的机构和作者表示感谢！

本手册的编撰和出版得到了公安部交通管理局的大力支持，在此表示衷心的感谢！

由于编者水平有限，文中难免出现疏漏和不当之处，敬请批评指正！

编　者

2023 年 9 月

目 录

前言

第1章 概 述 ...001
1.1 城市主干路的界定 ...001
1.2 主干路交通组织设计内容 ...003

第2章 基本流程 ...007
2.1 交通调查 ...007
2.2 特征分析 ...009
2.3 方法体系 ...010
2.4 设计方案评估 ...011

第3章 车道空间布置 ...012
3.1 车道分布及功能 ...012
3.2 车道宽度要求 ...017
3.3 主干路隔离要求 ...020

第4章 交叉口时空协调交通组织 ...024
4.1 主干路沿线交叉口渠化方法 ...024
4.2 主干路沿线交叉口间协调组织 ...030

第5章 接入管理 ...035
5.1 接入的基本条件 ...035
5.2 接入交通组织策略 ...035
5.3 接入交通组织方法及配套设施 ...036

第6章 交通管控措施 ...042
6.1 速度管理 ...042
6.2 掉头交通组织 ...049
6.3 潮汐车道交通组织 ...053

第7章 慢行交通组织 ...059
7.1 行人交通组织 ...059
7.2 非机动车交通组织 ...067

第8章 重点车辆通行组织 ...072
8.1 货车通行组织 ...072
8.2 工程车通行组织 ...074
8.3 公交专用车道交通组织 ...080
8.4 多乘员专用道交通组织 ...086

CONTENTS

第 9 章　车道空间设置实例　　...088
9.1　新建主干路车道布置　　...088
9.2　改建主干路车道布置　　...090

第 10 章　交叉口时空协调交通组织实例　　...093
10.1　高架下层地面道路时空协调交通组织　　...093
10.2　多车道汇入自适应控制　　...102

第 11 章　接入管理实例　　...107
11.1　商业核心区道路接入管理　　...107
11.2　交通性主干路接入管理　　...110

第 12 章　交通管控措施实例　　...113
12.1　掉头车道外置　　...113
12.2　潮汐车道交通组织　　...116

第 13 章　慢行交通组织设计实例　　...123
13.1　跨线桥非机动车交通组织　　...123
13.2　"Z"字形行人二次过街优化　　...125

第 14 章　重点车辆通行组织实例　　...129
14.1　货运通道交通组织　　...129
14.2　工程车定道交通组织　　...131

参考文献　　...136

第1章 概 述
Chapter One

1.1 城市主干路的界定

1.1.1 城市主干路定义

根据行业标准《城市道路工程设计规范（2016年版）》（CJJ 37—2012），按照城市道路在路网中的地位、交通功能，以及对沿线的服务功能等，分为快速路、主干路、次干路和支路四个等级。其中，城市主干路是指在城市道路网中起骨架作用的道路。

主干路连接城市各主要分区，以交通功能为主，它与快速路共同构成城市交通主骨架。主干路为市域范围内较长距离出行提供服务，两侧不宜设置吸引大量车流、人流的公共建筑物的出入口，其"通过"功能优于"通达"功能。相向行驶的机动车道间宜设中央分隔带或分隔栏，机动车与非机动车道间宜设分隔带或分隔栏，相交道路交叉一般为平面交叉，交通流为间断流；信号控制交叉口间距一般为500~800m；设计车速60km/h，车道宽度为3.25~3.5m，干线公共汽车交通线路常布置于主干路上。

1.1.2 城市主干路特征和功能

1. 城市主干路特征

（1）交通流特征

一般来讲，主干路交通条件要优于其他道路，交通干扰少，车速较高，因此必然会吸引周边道路的交通流。驾驶人在选择平行的道路通行时，往往优先选择交通性强的主干路进行行驶。基于这样的选择性行为，主干路的流量流向也就产生以下相应的特征。

1）主干路的交通流以直行为主，交通流量较大，通常相交道路在交叉口的流量较小，且左右转车辆所占比例较大，但在主干路与主干路相交的路口，左直右流量比例逐渐接近。

2）视城市中心城区的方向，各流量比例有所差异，一般情况下，与该主干路相交的另一条贯穿城市中心的交通性主干路路口，各向流量较为均衡。

3）大量信号控制交叉口的存在，对通过的车辆在时间上进行了分离，使得主干路上的车流不能连续通行，因此主干路上的车流具有明显的脉冲特性，属于间断交通流的范畴。

例如，在北京的城市道路中，主干路主要交叉口之间平均距离约为1km，车辆几乎不能达到期望速度或设计速度，加减速频繁，表现出明显的间断流特征。由于大量交叉口的存在，交叉口之间的交通流受到信号灯控制等交通管控设施的影响，不可能表现出通常连续流路段中的交通流特性。

（2）交通构成

在城市主干路的交通构成中，公共交通和货运交通是较为常见的类型，其中城市公共交通占了相当一部分的比重，尤其是外车道，公交车占据了交通量总数的28%。公交车停靠、上下客、转向对路段其他机动车的车速影响较大。

城市主干路一般宜设置公交专用道或公交优先道，但如果设置不当，路权的重新分配可能会导致路段其他车道处于过饱和，而公交专用道的通行能力却大有富余的情况。比如在过短的路段上设置公交专用道，会造成短距离内车辆变换车道频繁而产生过多的交织冲突，车辆间的互相干扰增大将导致整个路段服务水平的降低。

货运交通为城市发展做出了贡献。从行车里程来看，中心城区货车日出行距离大多在10km以上，短距离运输占比相对较少，整体对道路资源占有率较高。在部分未设置禁货区域的城市，货运交通对城市主干路上交通运行的影响更为突出。由于货运车辆机动性能差、体积较大，与其他车辆混行很容易影响路段交通流量的运行速度，导致道路交通延误增加和道路服务水平下降。

2. 城市主干路功能

城市主干路功能定位分析是交通设计的基础，应综合考虑上位规划要求、道路沿线用地、交通需求、道路设计目标等，细化道路的功能定位。细化内容包括各种交通方式的功能需求、道路环境塑造和街道活力提升等方面。当道路沿线两侧用地性质差异较大时，应分段细化道路功能定位。根据交通或生活功能的主导型，城市道路可分为交通性道路和生活性道路。

（1）交通性道路

以服务通过性和跨区机动车交通为主的城市道路，强调贯通性和机动性，设计时应以提升机动车交通通行能力和交通效率为主。

（2）生活性道路

以提供交通可达和生活功能为主的城市道路，强调人的可达性和生活的舒适性，设计时应优先保证行人和非机动车的交通功能，并满足周边居民日常购物生活和社交需要，以提升街道环境和地区活力为主，不应追求机动通行能力和通行速度为优先目标。

城市主干路在道路网中起骨架作用，广泛联系城市各部分，担负城市主要客货运任务，一般为交通性道路。不同连接类型与用地服务特征所对应的城市道路功能等级见表1-1。

表1-1 不同连接类型与用地服务特征所对应的城市道路功能等级

连接类型	用地服务			
	为沿线用地服务很少	为沿线用地服务较少	为沿线用地服务较多	直接为沿线用地服务
城市主要中心之间连接	快速路	主干路	—	—
城市分区（组团）间连接	快速路 主干路	主干路	主干路	—
分区（组团）内连接	—	主干路 次干路	主干路 次干路	—
社区级渗透性连接	—	—	次干路/支路	次干路/支路
社区到达性连接	—	—	支路	支路

根据城市主干路的定义、特征和功能，可以大致判定一条道路是否为城市主干路。具体可从道路在道路网中的作用、在城市交通中承担的交通功能、道路交通组成等方面综合判定，而非仅从道路几何条件确定道路等级。

定位为城市主干路的道路，可按照城市主干路交通组织设计方法，制定符合当地交通需求的交通组织方案。

1.2 主干路交通组织设计内容

1.2.1 交通组织设计定义

随着城市交通问题日益严重，各大城市对交通组织设计工作的重视程度也在逐渐提高。国家标准GB/T 36670—2018《城市道路交通组织设计规范》中交通组织设计的定义为：根据国家相关法律法规、政策和标准规范，综合运用交通工程技术，用以改善道路交通秩序、保障道路交通安全、提高道路交通运行效率的设计工作。

在《交通组织设计》的教材中，从工程设计和运行组织两个层面给出了交通组织设计定义。交通组织设计是指运用系统工程原理和交通工程技术，从工程设计和运行组织两个层面，对各级道路、交通枢纽、停车场库等交通设施的交通流向、功能布局、管理控制等内容进行优化设计，实现人、车、设施的融合，在保证安全的前提下，最大限度地发挥各类交通设施的承载能力和服务水平。

工程设计层面的交通组织设计，主要针对新建交通设施而言，是指在交通设施的工程设计阶段，便引入交通组织设计的理念，使得交通设施在建成使用后能更为安全、有序、高效地运行；运行组织层面的交通组织设计，主要针对既有交通设施，是指对于某些已经建成使用，但交通问题较为突出的设施，通过交通组织的优化设计，必要时辅以相关工程改造，以此提高既有设施的利用率。

本手册中的交通组织设计，侧重运行组织层面，通过交通组织优化设计，改善道路交通秩序、保障道路交通安全、提高道路交通运行效率。

1.2.2 主干路交通组织设计内容及要求

1. 设计内容

主干路交通组织设计主要包括车道空间设置、交叉口时空协调交通组织、接入管理、交通管控措施、慢行交通组织、重点车辆通行组织等。

（1）车道空间设置

车道空间设置主要介绍主干路的机动车道布设方式，主要包括车道分布及功能、车道宽度、侧向余宽、中央隔离、机非隔离要求等。

（2）交叉口时空协调交通组织

交叉口时空协调交通组织包括主干路交叉口渠化基本方法、交叉口之间的协同组织设计等。

（3）接入管理

接入管理包括接入的基本条件和接入交通组织方法，接入交通组织方法主要有信号灯控制方法、右进右出控制方法、无信号控制方法、避免左转进出方法和联合出入口控制方法。

（4）交通管控措施

交通管控措施包括速度管理、掉头交通组织和潮汐车道交通组织。

（5）慢行交通组织

慢行交通组织包括行人和非机动车交通组织，其中，行人交通组织包括路段人行交通组织和过街交通组织，非机动车交通组织包括非机动车道布置、交叉口及路段特殊点段交通组织。

（6）重点车辆通行组织

重点车辆通行组织包括货车、工程车、公交专用车道和多乘员专用道交通组织等。

2. 设计要求

城市主干路交通组织设计，应促进主干路交通条件、交通运行方式与交通流特征及交通需求相适应，考虑社会效益、环境效益与经济效益的协调统一，合理采用技术标准，体现以人为本、资源节约、环境友好的设计要求。

城市主干路交通组织设计应优先考虑公共交通和行人、非机动车交通。交通组织设计应遵循以下原则。

（1）交通安全原则

充分保障各类交通流的有序流动，降低交通冲突概率。

（2）供需平衡原则

合理调节交通流的通行需求，使之与道路通行能力相匹配。

（3）均衡分布原则

在特定区域内，从空间和时间上调整疏导交通流，使之分布趋于均匀。

（4）交通分离原则

在时间和空间上，将行人、非机动车、机动车交通流分离，减少混合运行和互相干扰。

（5）交通连续原则

尽可能保证车辆和行人连续移动，减少停车次数和等候时间。

1.2.3 主干路交通组织设计策略

根据主干路交通组织设计内容的不同，采用适用的交通组织策略。

1. 车道空间设置

根据城市主干路交通功能定位及交通组成，对道路空间进行有针对性的，科学、合理的划分。

2. 交叉口时空协调交通组织

主干路时空协调交通组织是按照连续流、时空一体化、慢行一体化等交通组织策略，将主干路交通空间与信号控制协同优化并同步实施，实现主干路交通时空资源的最大化利用。

3. 接入管理

城市主干路应尽可能减少路段开口对主线交通的干扰，道路规划建设时应尽量采用道路位阶接近的道路进行接入，尽量避免单位开口、支路接主干路或快速路等情况，从严控制主干道路中央隔离带开口，从源头上减少交通堵点和事故"黑点"。

4. 交通管控措施

城市主干路可根据路网、道路条件结合交通需求采取速度管理、掉头交通组织和潮汐车道交通组织，提升道路及路网通行效率。

5. 慢行交通组织

城市道路慢行交通包括行人交通和非机动车交通，在城市道路交通系统中应优先给予保障，确保慢行交通通行空间连续、安全、畅通。

6. 重点车辆通行组织

城市主干路担负城市主要客货运任务，客运和中小型货运车辆混合通行对主干路交通安全和效率均有影响，可采用客货分离的交通组织策略，净化城市道路通行环境，提升主干路交通安全水平。

第 2 章　基本流程
Chapter Two

2.1 交通调查

2.1.1 交通调查目的

交通调查是指利用客观的手段测定道路交通流及有关交通现象，并进行分析与判断，从而了解交通状态及掌握有关交通规律的工作过程。交通调查与分析是开展交通组织设计工作的基础，也是交通组织设计工作中的重要环节。

交通调查应在主干路交通组织设计工作开展之前进行，便于了解道路条件、交通流特征、交通运行情况、交通需求等，分析现状交通存在问题，为交通组织设计工作提供基础信息和优化方向，制定科学合理的交通组织设计方案。

2.1.2 交通调查内容

1. 道路基本情况

道路基本情况调查包括道路本身及道路周边路网、周边用地属性等内容。道路基本情况调查，可从道路规划设计资料收集和道路现场调查两方面开展。道路规划设计资料主要是指道路等级、道路红线、道路横断面，以及交叉口形式、沿线市政管线铺设等道路自身的规划设计资料。掌握道路规划资料有利于在交通组织设计中做到现状与规划相结合，避免设计方案违反道路规划要求。

道路现场调查主要是道路几何条件调查，包括路段和交叉口几何条件调查。其中，路段几何条件调查包括道路等级、红线宽度、断面形式、车道数、车道宽、中央分隔带宽、机非分隔带宽、非机动车道宽、人行道宽等方面的信息。交叉口几何条件调查包括进出口路幅宽度、车道数、车道功能划分、展宽段长度、渐变段长度等方面的信息。对于已收集到的资料，则应通过现场踏勘进行核实；对于没有收集到的资料，则可通过勘测与实地调查获得。

2. 交通运行状况

交通运行状况调查是指道路上动态信息的收集，主要包括交通流量、延误、行程车速、排队长度等交通信息。新建道路通过交通预测、现有道路通过调查，对关联区域交通出行需求进行调查，分析道路交通流分布、交通运行以及变化趋势等情况。

3. 交通事故

交通事故大多发生在交叉口内及其周边地带。导致交通事故的首要因素是驾驶人的不慎驾驶，但道路几何条件、交通管理与控制方案、交通流组成等相关因素，也是事故发生的重要影响因素。因此，在进行道路及交叉口交通组织设计时，必须调查在设计范围内历年交通事故的发生状况，并分析交通事故原因与道路交通状况之间的关系。

4. 交通设施

主要调查现状交通标志、标线、信号灯、隔离设施等交通管理设施设置和使用情况，分析现状的交通管理设施是否符合规范，分析交通设施设置方案与现状交通问题之间的关系，便于在新的交通组织设计方案实施时对交通设施进行优化设置，或选择合适的设施进行重复利用，节约成本。

5. 公交运行情况

路段公交运行情况调查主要涉及以下几个方面。

1）路段上设置的公交线路数。
2）各公交站点停靠的公交线路数。
3）各公交站点最大同时进站的公交车辆数。
4）各公交站点的乘客乘降量。

通过以上内容的调查，分析评价目前路段上公交线路的运行情况，以及对路段和交叉口交通的影响。

6. 道路使用者及交通管理部门需求

道路交通组织的最终目的是满足人和物的出行需求，了解道路使用者的需求有利于制定切实可行的交通组织方案，体现公众参与、以人为本的设计要求。交通调查时也应考虑交通管理部门的需求，确保制定的交通组织方案满足交通管理需求，更好地为交通出行提供保障。

2.1.3 交通调查方法

1. 现场调查

道路及交通现场调查是获取交通信息最直接、直观的调查方式，也是对前期收集到的道路条件资料进行核实与补充完善的有效方式。根据交通调查内容的不同，现场交通调查方法可概括为传统人工调查法、摄影法和航拍法等。以交通流量调查为例，可以采用人工计数法统计高峰期内交通流量数据，也可以采用摄影法录制各进口道现场视频，采用视频分析软件统计流量数据。

2. 数据平台统计

随着信息技术的发展，大数据对交通领域也带来了一定的影响。各地、各部门也都建立了交通运行相关的数据平台，可以很好地与传统交通调查技术科学、合理地融合、结合与补充，有助于我们更深刻地理解交通现象，更准确地把握交通规律。

数据平台汇集的数据量巨大，数据呈现细粒度、高精度、广覆盖、快更新的特点，对交通管理工作很有实际应用价值。以交通流量为例，通过大数据平台，可得到调查点位全时段交通流量数据，便于精确把握交通流量时变规律。也可通过平台评价指标一段时间前后的交通变化，来评价交通管理带来的效果。

3. 舆情收集

随着网络技术、媒体渠道的扩展，各种交通管理方面的信息经常见诸网络，道路使用者参与交通的热情日渐高涨，网络舆情收集到的交通问题成为交通管理工作需关注的内容。交通管理部门可通过当地活跃程度较高的网络民生服务平台、交管 12123 APP、公安交管官方微信公众号、公安交管官方微博等渠道，收集道路使用者反映的交通管理相关问题。交通管理部门针对收集到的问题开展相关调查、交通组织、交通管理与控制等研究，在改善市民关注的焦点问题的同时，切实改善了道路通行环境，有利于提升交通管理服务水平。

2.2 特征分析

2.2.1 交通时间特征分析

道路交通中的交通流是时刻变化的，诸如交通流量、速度等最能体现其时间特性。交通流参数的时间序列数据，具有实时性、动态性、规律性的特征。时间特性的交通数据可以概括为月变化、周变化与时变化。

根据相关研究，交通流在时间上一般呈现相似性、周期性以及波动的不确定性。针对特定交通研究对象，分析交通流的时间分布特性，便于精细化交通组织方案的制定，同时为交通管理工作提供数据支撑与保障。

2.2.2 交通空间特征分析

交通流的空间特性一般是指城市地理位置、城乡差异、道路路径、行驶方向以及不同车道间的差别。道路基本路段交通流参数可以分为横向空间和纵向空间分布特性。其中横向空间分布特性是指同一断面、不同车道间交通流的分布特性；同一路段上、下游间交通流的分布特性称为纵向空间分布特性。

分析交通流参数的空间特性，可得到更为精细、可靠、有用的交通数据，为交通管理提供数据支撑及保障，指导交通组织设计工作。

2.3 方法体系

下面根据主干路交通组织设计内容的不同，分别介绍适合的交通组织方法。

1. 车道空间设置

根据主干路交通功能定位，确定合适的道路横断面形式，分配车道宽度匹配车道功能，以保证机动车道侧向余宽满足规范要求，必要时设置隔离栏确保通行安全。

2. 交叉口时空协调交通组织

交叉口时空协调交通组织从交叉口空间、时间上一体化设计。空间上，根据不同场景选取交叉口渠化方法，主要进行交叉口进出口道设计、渠化岛设计、行人非机动车交通组织设计等；时间上，通过信号协调控制（即绿波控制）的方式，实现主干路连续流交通组织，使车流尽可能连续通过多个相邻交叉口，从而减少停车次数，提高主干路通行效率。

3. 接入管理

城市主干路应尽可能减少路段开口对主线交通的干扰，从严控制主干路中央隔离带开口，根据道路条件及交通运行状况，对接入点采取相应管控方法，如右进右出控制、让行控制、避免左转进出、联合出入口控制等方法。

4. 交通管控措施

城市主干路可通过采取速度管理、掉头、潮汐车道交通组织等管控措施，提升道路利用效率，改善服务水平。

5. 慢行交通组织

通过慢行空间、路权的明确保证慢行交通需求，主要包括路段人行道布局、人行过街交通组织和非机动车交通组织。人行过街主要有平面人行过街、二次过街和立体过街等方式；路段非机动车道布局及宽度应能满足非机动车通行需求，交叉口左转非机动车过街，可采用左转二次过街或同左转机动车同方式过街的交通组织方式。

6. 重点车辆通行组织

针对城市道路上通行的货车、工程车、公交车、多乘员车辆等重点车辆，采用设置专用或指定车道的交通组织方式，以缓解城市主干路客货混行通行、提升公交专用道使用效率等，发挥城市主干路交通功能。

2.4 设计方案评估

2.4.1 方案评估方式

交通组织设计方案评价，是对设计的备选方案进行社会经济效益分析和综合评价，从而了解设计方案对于实现设计目标的可能性，给决策者选择最佳方案提供参考。

设计方案可通过相关部门审查、组织专家评议等方式进行论证或评审，评估方案的可行性，指出需要改进的问题。城市大范围的交通组织方案原则上应组织专家评审，并征求社会意见。方案审查或评审未通过的，应重新进行设计。

2.4.2 方案评估方法

实施交通组织方案的道路，应对实施前、实施后道路交通运行状态进行评估验证，对比评价交通组织方案实施效果。

交通组织方案的评价方法包括仿真评价、现场调查评价等方法。交通组织方案实施前后的仿真评价，应保证道路交通流量、转向比例等交通需求参数和道路设计车速、道路宽度等道路基础参数的前后一致性。现场调查评价，应在实施前和实施后交通流稳定时选定观测日，在同一时段进行交通流运行数据采集；观测日的选择应避开节假日、异常天气及其他特殊情况，最好是不同周内的同一天。

应根据评价指标预先设定评价体系，可采用单项指标评估对比、多项指标加权综合评估指标对比等方式。

第 3 章 车道空间布置

Chapter Three

3.1 » 车道分布及功能

3.1.1 车道分布

城市道路横断面直接关系到不同等级道路的基本功能，还直接影响到通行效率和安全性。城市道路横断面组成要素通常包括：机动车道、非机动车道、人行道、中央分隔带、机非分隔带等。特殊断面还可包括应急车道、路肩和排水沟等。

道路横断面一般可分为单幅路、两幅路、三幅路、四幅路，各种断面的特点和适用情况见表 3-1，各种断面实景如图 3-1 所示。

表 3-1 各种断面形式的特点和适用情况

形式	断面示例	特点
单幅路		● 机非混行 ● 相向行驶的机动车流无分隔 ● 机动车行驶车速较低
两幅路		● 相向行驶的机动车流有分隔 ● 机非混行 ● 不受对向机动车流干扰 ● 内侧车行道行驶车速较高

（续）

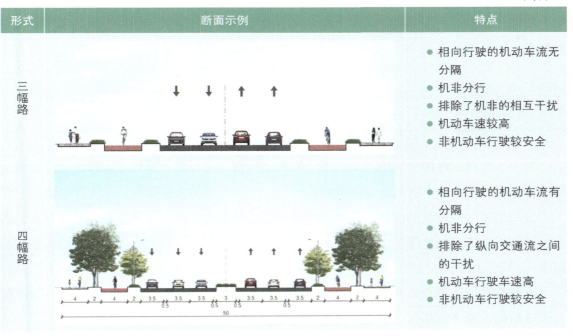

形式	断面示例	特点
三幅路		· 相向行驶的机动车流无分隔 · 机非分行 · 排除了机非的相互干扰 · 机动车速较高 · 非机动车行驶较安全
四幅路		· 相向行驶的机动车流有分隔 · 机非分行 · 排除了纵向交通流之间的干扰 · 机动车行驶车速高 · 非机动车行驶较安全

a）单幅路

b）两幅路

c）三幅路

d）四幅路

图 3-1 各种断面实景图

在同一条道路的不同路段，宜根据其道路功能、交通需求和用地条件等因素的变化采用不同的横断面形式，但应保证在不同的横断面之间进行合理、顺畅的衔接。主干路横断面推荐采用形式见表3-2。

表3-2 城市主干路横断面推荐采用形式

道路类型	单幅路	两幅路	三幅路	四幅路
主干路	×	√	☆	☆

注："☆"表示推荐采用，"√"表示可以采用，"×"表示不适用。

城市主干路横断面一般由机动车道、非机动车道、人行道、分车带（即中分带或侧分带）等组成，其中分车带包括分隔带和路侧带，而分隔带又由安全带和设施带组成。

分隔带是沿道路纵向设置的分隔车行道用的带状设施，其作用是分隔交通及安设交通标志、公用设施、绿化等，位于路中线位置的称中央分隔带，位于路中线两侧的称外侧分隔带。

路侧带是道路边缘线外缘至分车带或路缘石的带状部分，由路缘带（位于车行道两侧与车道相衔接的带状部分）和道路边缘线组成。

分车带由分隔带及两侧路缘带组成，按其在横断面中的不同位置及功能，可分为中间分车带（简称中分带）和两侧分车带（简称侧分带）。

安全带是指分隔带中设施带以外的部分，《城市道路工程设计规范（2016年版）》（CJJ 37—2012）中关于横断面组成及宽度中的安全带最小宽度，取为25cm。

侧向余宽（图3-2、图3-3）为路侧带宽度与安全带宽度之和。

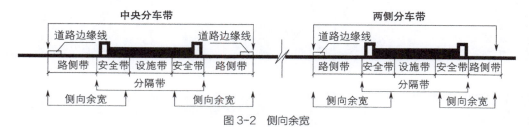

图3-2 侧向余宽

设置有中央或两侧分车带时，机动车道侧向余宽宜由"0.5m 路侧带 +0.25m 安全带"组成，安全带宽度内不宜设置绿化、造景等设施。

图3-3 侧向余宽示意图

目前，在道路的规划、建设管理中，"以车为本"的思想还没有发生根本转变，道路工程设计规范和设计实践仍然以机动车通行效率为主要考量；在交通管理中，往往把机动车的"排堵保畅"作为道路建设和管理的唯一目标，在成全了车的同时，常常是委屈了人。城市交通的根本目的是实现人和物的积极、顺畅流动，因此要在观念和实践中真正实现从"以车为本"到"以人为本"的转变，必须应用系统方法对慢行交通、静态交通、机动车交通和沿街活动进行统筹考虑。

以道路红线管理为主要手段的管理方法，对加快和保障道路建设发挥了主要作用，但在新的发展背景下，不应该成为提升道路品质的一道隐形的障碍。要实现道路的整体塑造，需要对道路红线内外进行统筹，对管控的范畴和内容进行拓展，将设计范围从红线内部拓展到红线以外的沿街空间，将关注对象从单纯路面拓展到包括两侧界面的街道空间整体。

在满足交通、景观与活动功能需求的前提下，可以适当缩窄道路红线宽度（表3-3），集约、节约用地。根据功能分区特点，鼓励选用较小的道路红线宽度。生态景观区道路可根据需要与道路红线两侧绿化相结合，优化组合布设道路横断面。

表3-3 城市主干路推荐使用道路红线宽度

道路等级	推荐道路红线宽度模式/m
主干路	40、45、50、55

对于设有公交专用车道的城市主干路，可在道路规划设计之初就考虑单独隔离公交专用车道，可采用绿化带进行隔离，如图3-4所示的宁波市环城北路（湖西路—人民路）。

图3-4 宁波市环城北路（湖西路—人民路）公交专用车道绿化带隔离方式

非机动车道断面形式一般可根据非机动车道和机动车道、人行道的隔离形式分为三类：机非分离形式、机非共板形式、人非共板形式，城市主干路应采用机非分离形式。

根据《上海街道设计导则》，在满足人行过街设施配置要求及沿路上下客需求的前提下，在车速较快和车流量较大的路段设置隔离带，对机动车与路侧的非机动车及行人进行快慢分离。

临非机动车道设置公交车站时，应通过合理设计、铺装和标识等协调进站车辆、非机动交通、候车及上下车乘客之间的冲突。

国家标准GB/T 51328—2018《城市综合交通体系规划标准》指出，步行交通是城市最基本的出行方式。除城市快速路主路外，城市快速路辅路及其他各级城市道路红线内，均应优先布置步行交通空间。城市主干路人行道布置要点如下。

1）城市主干路道路红线内应优先布置人行道，设置在靠近道路红线一侧。

2）人行道应畅通舒适、安全可达、环境友好，不宜中断或缩减人行道有效通行宽度。

3）人行道应设置无障碍设施，并应符合GB 50763—2021《无障碍设计规范》的要求。

4）道路两侧的建筑退线空间可与人行道空间统筹考虑，并进行一体化处理。

根据《城市道路工程设计规范（2016年版）》（CJJ 37—2012），车行道最外侧路缘石至道路红线范围为路侧带，包括人行道、绿化带和设施带，如图3-5所示。人行道是专供行人通行的部分，应满足行人通行的安全性和顺畅要求。

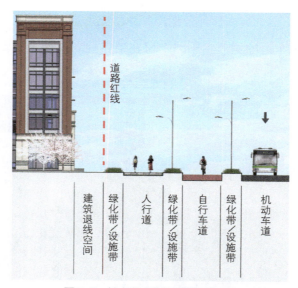

图3-5 城市道路路侧带布置断面图

3.1.2 车道功能

城市主干路一般以小型车辆行驶居多，公交车、货车等特殊车辆占比较少。因此，在城市主干路上设置公交专用车道或货车指定车道时，应进行分析论证。

城市主干路是否设置公交专用车道，应从需求和供给两方面进行分析。

1）需求分析，亦即设置专用道的交通条件，主要考虑拟设专用道的道路上公交车流量以及客流需求量等。

2）供给条件，亦即由于道路资源有限，专用道的设置可能会减少社会车辆的可利用通行资源，不同道路对社会车辆交通和公共交通优先权的定位不同，需要根据道路与交通的规划定位和设计的运行条件加以权衡。

一般情况下，有公交线路且经常发生交通拥堵的主干路，应设置公交专用车道。公交专用车道宽度宜为3.5m。在实际工作中，拟设置公交专用车道的道路车道数，应具备不低于双向4车道的条件。

城市货运交通可以分为过境货运交通、出入境货运交通和市内货运交通三种类型。这三种类型的货运交通都涉及货运交通组织，而城市道路中货运交通组织设计中最常见的方法是设置货车指定车道。

城市主干路设置货车指定车道，可以分为以下两种情况。

1）未设置公交专用车道的主干路，在货车流量较大且影响社会车辆正常通行时，可在车道最外侧设置货车指定车道。

2）设置了公交专用车道的主干路，在货车流量较大且影响社会车辆正常通行时，宜设置货车指定车道并要远离公交专用车道设置。

设置了货车指定车道的城市主干路，其道路车道数应不低于双向4车道；同时设置了货车指定车道和公交专用车道的城市主干路，其道路车道数应不低于双向6车道。货车指定车道的宽度宜为3.5m。

城市主干路为单幅路或两幅路道路时，非机动车道与机动车道采取机非隔离的方式，非机动车道宽度不应小于2.5m；城市主干路为三幅路或四幅路道路时，非机动车道与机动车道采取绿化带隔离的方式，非机动车道宽度不应小于3.0m。

3.2 车道宽度要求

3.2.1 机动车道宽度

主干路断面设计应考虑慢行交通舒适性及建设海绵城市等要求，设计车速≥60km/h的主干路机动车道宽度不宜小于3.25m，通行公交车等大型车辆的车道宽度不宜小于3.5m。设计车速小于60km/h的主干路车道宽度不宜小于3.05m，通行公交车等大型车辆的车道宽度不宜小于3.25m。车道宽度不含侧向余宽，含同向行车道分界线的一半。

城市主干路交叉口进口车道应根据通行车辆类型、车道位置确定宽度。中间车道宽度不应低于2.85m，两侧车道、有公交通行需求车道（含公交专用车道）不应低于3m。

城市主干路交叉口进口车道宽度还应满足以下要求。

1）车道宽度不含实线宽度，包含虚线宽度的一半，下述车道宽度均按照该原则。

2）路口车道宽度小于路段可适当降低车辆通过路口的车速。

3）路口的车道宽度设计不应按平均值分配，应结合通行车辆的实际需求、侧向余宽需求，缩窄小型车车道宽度，并适当加宽两侧车道及大型车车道的宽度。

城市主干路交叉口出口道宽度宜与路段标准车道宽度等宽，条件受限时宽度差值宜小于0.25m，且主干路出口道宽度不宜小于3.25m，其余等级道路不宜小于3m。出口车道宽度与路段宽度不一致时，会造成车辆行驶轨迹变化，增加道路事故风险，且出口道为车辆加速段，出口道宽度过小易导致路口内车辆行驶缓慢、滞留。

根据《上海街道设计导则》，建成区城市主干路现状慢行空间不足时，可通过优化交通组织、缩减车道数量和宽度等方式增加慢行空间；新建地区可结合路网规划，合理组织交通，通过缩减车道宽度、设置单向交通等方法，提升街道人性化水平。

商业街道和生活服务街道鼓励应用3m宽的机动车道，路口进口道可进一步缩减至到2.75m（图3-6）。上海南北高架路等路段的实践表明，车速较快的道路也可以采用3m宽的窄车道，并达到促使驾驶人谨慎驾驶的目的。

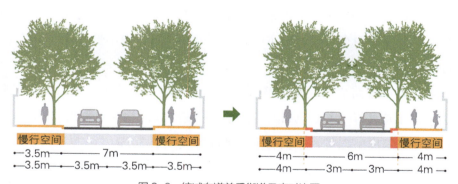

图3-6 缩减车道前后街道尺度对比图

3.2.2 非机动车道宽度

新（改）建主干路非机动车道应采用机非分离形式，机非之间采用绿化带或设施带隔离，绿化带宽度不宜小于2m，非机动车通行净宽不宜小于3.5m，不应小于3.0m，如图3-7所示。既有主干路或辅路为机非共板形式的，应设置机非隔离设施，隔离后的非机动车通行净宽不宜小于3m，不应小于2.5m，如图3-8所示。

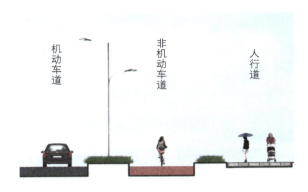

图 3-7 非机动车道（机非分离形式）

a）非机动车道（机非共板 – 护栏隔离）　　b）非机动车道（辅道机非共板 – 护栏隔离）

图 3-8 非机动车道（机非隔离形式）

城市道路的人行道与非机动车道不宜共平面设置，但改建道路拓宽受限且行人和非机动车通行空间小于 4.5m 时，行人和非机动车之间宜设置隔离桩分隔通行空间。当行人和非机动车通行空间大于 4.5m 时，应进行不共板改造，宜设置不低于 15cm 的高差形成隔离或设置隔离栏分隔行人和非机动车，如图 3-9 所示。

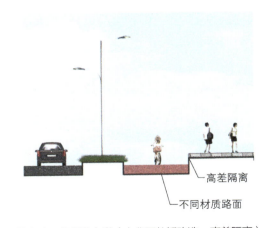

图 3-9 非机动车道（人非不共板改造 – 高差隔离）

3.2.3 人行道宽度

可对人行道进行分区，形成步行通行区、设施带与建筑前区，分别满足步行通行、设施设置及与建筑紧密联系的活动空间需求。步行通行区是供行人通行的有效通行空间；设施带是指人行道上集中布设沿路绿化、市政与休憩等设施的带状空间；建筑前区是紧邻临街建筑的驻留与活动空间。

步行通行区宽度应与步行需求相协调。综合考虑道路等级、开发强度、功能混合程度、界面业态、公交设施等因素，合理确定步行通行区宽度。

开发强度和功能混合程度较高的地区行人流量较大；公交车站、轨交出入口和商业设施将进一步增加人流，步行通行区需相应加宽；主、次干路两侧人行道应适度加宽，减少快速通过的机动车给行人带来的不安全感。步行通行区宽度推荐值见表3-4。

表3-4 步行通行区宽度推荐值

人行道类型	步行通行区宽度推荐值/m
临围墙的人行道	1.5~2
临非积极界面人行道	3
临积极界面或主要公交沿线人行道	4
主要商业街，以及轨交站点出入口周边	5
主要商业街结合轨交出入口位置	6
主、次干路两侧人行道	加宽0.5~1

建筑前区宽度（表3-5）应统筹考虑人行道空间条件与沿线功能需求。对于无退界的临街建筑，应建立协商平台，在保证行人通行的前提下，规范沿街商户借用人行道。

表3-5 建筑前区宽度推荐值

沿街建筑首层功能	建筑前区宽度推荐值/m
以展示橱窗、贩卖窗口为主	0.5~1
进行室外商品展示、设置室外餐饮	1.5~2
餐饮特色街道	3~5

3.3 主干路隔离要求

城市道路交通隔离栏是一种有效的交通隔离设施，具有将机动车、非机动车和行人在道路断面上进行纵向分隔的功能，是警示和强制车辆与行人分道行驶，提高道路交通安全性，改善交通秩序的有力措施，但过度使用交通隔离栏也会对城市景观造成一定的不利影响。正确合理地使用城市道路交通隔离栏，可以充分完善城市主干路的通行安全需求。

城市主干路中央隔离设施设置后，可以达到以下作用及效果之一时，应设置中央隔离设施。

1）对向车流相对车速过高而影响交通安全，采用中央隔离栏分隔对向车流后，增加车辆行驶的安全性，减轻驾驶人的心理负担。

2）现状的车辆行驶速度和路段通行能力与所在道路的功能定位不相符，设置中央隔离栏后，可减少对向车辆的干扰，并提高车辆的行车速度和道路的通行能力。

3）路段上车辆随意掉头现象较多，设置中央隔离栏后，可防止车辆在道路上随意掉头，优化交通秩序。

4）路段上存在行人横穿马路现象，设置中央隔离栏后，可有效防止行人横穿马路等违法行为。

5）路段沿线单位开口进出混乱，设置中央隔离栏后，可改善路段开口交通秩序，防止发生事故。

城市主干路机非隔离设施设置后，可以达到以下作用及效果之一时，应设置机非隔离栏。

1）机动车违章借道非机动车通行的情况严重，设置机非隔离栏后，可防止机动车借道非机动车道通行，保护非机动车的通行空间。

2）路边违章停车现象严重，设置机非隔离栏后，可有效取缔非机动车道上的违法占道停车。

3）非机动车越线驶入机动车道的现象严重，设置机非隔离栏后，可防止非机动车越线驶入机动车道，避免产生交通安全隐患。

4）行人横穿马路现象严重，设置机非隔离栏后，可有效防止行人横穿马路。

5）非机动车道宽度富余，非机动车易并排行驶或机动车易违停的路段，设置机非隔离栏后，能保证非机动车通行安全。

城市主干路为一块板或三块板道路时，在道路建设之初，道路中央一般用中央黄线进行隔离。随着道路交通流量的增长和周边路网结构的改变，在以上类型道路的实际交通管理之中，往往会遇到是否要在道路中央设置隔离栏的问题。中央隔离栏设置应满足以下要求。

1）城市双向六车道及以上，主干路无中央分隔带时，应设置中央隔离栏；其他主干路无中央分隔带时，宜设置中央隔离栏。

2）桥梁、高架路、立交、隧道双向通行的出入口与地面道路衔接段，宜设置中央隔离栏。

3）在已设有道路中间绿化隔离带或水泥隔离墩等中央分隔带的干路，当行人、非机动车横穿机动车道现象严重时，应在中央分隔带上设置中央隔离栏。

4）中央隔离栏安装净高不应小于1.1m，下边缘距地面高度不应大于0.25m。

5）遇到平面交叉口、人行横道线、车辆左转或掉头开口处，应以斜式渐变等方式逐渐降低中央隔离栏净高，端部的隔离栏高度不应超过0.7m，渐变段长度不应小于15m。

6）设置在双黄实线位置的中央隔离栏，其底座边缘至双黄实线内侧边缘净宽距离不宜小于0.1m。

7）在城市道路禁止机动车汇集交织的路段，或专用车道与普通车道分隔路段，可设置同向车道隔离栏。同向车道隔离栏安装净距不宜小于0.6m。

城市主干路中央隔离栏设置示例如图3-10所示，城市次干路中央隔离栏设置示例如图3-11所示。

a）双向九车道的城市主干路中央隔离栏设置

b）双向六车道的城市主干路中央隔离栏设置

图3-10　城市主干路中央隔离栏设置示例

a）双向四车道的城市次干路中央隔离栏设置

b）双向车道的城市次干路中央隔离栏设置

图 3-11　城市次干路中央隔离栏设置示例

城市主干路为一块板道路或两块板道路时，在道路建设之初，非机动车和机动车一般用白色标线进行分隔。随着非机动车和机动车流量的增长，往往会遇到是否要在路段上设置机非隔离栏的问题。城市主干路机非隔离栏设置应满足以下要求。

1）城市主干路采用机非共板设计时，应采用隔离护栏分隔机非交通，隔离后的非机动车通行净宽不宜小于 3m，不应小于 2.5m。机非分隔带采用下沉式生物滞留带时，可适当增设安全防护设施。

2）机动车道和非机动车道为共板断面，且非机动车道宽度大于或等于 1.5m 以上的路段，机动车流量较大时，宜设置机非隔离栏。若非机动车中三轮车通行比例较高，非机动车道宽度可适度放宽。

3）机动车道和非机动车道为共板断面，机动车单行道中对向通行的非机动车道宜设置机非隔离栏。

4）机动车道和非机动车道为共板断面，平面交叉口范围内宜设置机非隔离栏。

5）在重点保障非机动车通行的路段，宜设置机非隔离栏。

6）机非隔离栏安装净高不应小于 0.4m。

城市主干路隔离设施一般以中央隔离栏为主，在路口进出口车道数变化或机非绿化带未延伸至路口时，可设置机非隔离栏。

第 4 章

交叉口时空协调交通组织

Chapter Four

4.1 » 主干路沿线交叉口渠化方法

4.1.1 交叉口渠化基本方法

交叉口渠化设计是指在交叉口功能区内，运用交通标志、标线和实体设施，以及局部拓宽进出口道等多种措施，对交通流进行分流和导向设计，使不同类型的交通、不同方向及不同速度的车辆，能够像渠道内水流一样，顺着一定方向互不干扰地顺畅通过，从而使车辆和行人安全有序地通行。通过渠化设计，可以有效缓解城市道路的交通拥挤和阻滞，提高行车速度和通行能力，保证交通安全，对于缓解畸形交叉口的复杂交通问题尤为有效。

1. 设计的基本要求

交叉口渠化设计应有利于交通安全、提高通行能力，减少延误和方便车辆、行人，主要应满足以下基本要求。

（1）线形平顺，不同类型交通流分道行驶

交叉口渠化设计应尽可能使行驶轨迹平顺，能以最短时间或者最短的路程通过，切忌出现迂回、逆向、急转，或者有可能引起碰撞的尖锐角度。同时，各种交通流，即不同流向、不同车种、不同速度的交通流，应尽可能实现分道行驶，以减少相互干扰或碰撞，保证安全。

（2）保证视距，净化视野

交叉口渠化设计应充分保证各方向各车道车辆和行人的视距，并净化机动车驾驶人的视野。交叉口转角部分视距三角形范围内，不得有任何高于 1m 的妨碍驾驶人视线的障碍物。凡妨碍视线的建筑或绿化物，均应拆除或砍伐，以确保行车的视距要求。

（3）导流和导向，规范行驶轨迹

通过设计导流线、导向线等，诱导车辆的行驶路线，使得交叉口任何一点穿越至多有两个方向行驶路线，从而规范车辆行驶轨迹。

（4）减少交叉范围，缩小冲突区域

减少交叉面积，从而减少车辆行驶路线的不确定性，限制交通流，同时缩小车辆与车辆和车辆与行人在交叉口的冲突区域，提高整个交叉口的安全性。

（5）帮助驾驶人遵守交通规则

通过设置交通岛等设施，增强路面交通标线和交通标志所不具备的易见性和强制性，帮助驾驶人遵守交通规则。

（6）保护过街行人

通过设置交通岛、安全岛等设置，为在一个行人过街相位中未能及时通过交叉口的行人提供一个不受车流影响的停候安全区域，以实现二次或多次过街。

2. 设计范围及主要内容

平面交叉口的渠化设计范围应包括交叉口功能区，是指构成该平面交叉口各条道路的相交部分及其进口道、出口道和向外延伸10~20m的路段（包括进出口道展宽段和渐变段，以及行人、非机动车过街设施等）与道路红线共同围成的空间，其设计内容如下。

1）进出口车道功能划分、车道数量和宽度确定。

2）行人过街横道及安全岛。

3）非机动车过街及等待区设计。

4）进口道公交专用车道设计。

5）内部空间精细化设计（待转区、路口导向线、导流线、渠化岛等）。

6）交通标志和标线、交通信号灯等管理设施。

7）中央隔离带、机非隔离带、太阳能警示桩等安全设施。

3. 设计基本方法

（1）交叉口进出口道设计

为保障交叉口出口道车辆行驶顺畅，应使出口道车道数不小于上游各进口道同一信号相位流入的最大进口车道数。条件受限的改建交叉口，流入最大进口车道数可减少一条。相邻进口道设有右转专用车道时，出口道应展宽一条右转专用出口车道。

平面交叉口进口道宽度比标准路段稍窄，一条进口车道的宽度宜为3.25m，困难情况下最小宽度可取 3.0m，当改建交叉口用地受到限制时，一条进口车道的最小宽度可取 2.8m。出口道每条车道宽度不应小于标准路段车道宽度，宜为 3.5m，条件受限的改建交叉口不小于 3.25m。

交叉口进口道长度由展宽渐变段长度与展宽段组成。渐变段长度按车辆以 70% 路段设计车速行驶 3s 来计算确定。出口道长度由出口道展宽渐变段和展宽段组成。渐变段最小长度不应小于 20m。展宽段最小长度不应小于 30~60m，对于交通量大的主干路长度取上限，其他路可取下限；当设置公交停靠站时，应再加上站台长度。

（2）交叉口渠化岛设计

渠化岛是为渠化分隔交通流和提供行人过街驻足，而设置在路面上的各种岛状设施。它兼顾了安全岛和导流岛的作用，在进行平面交叉口渠化设计时，可把交叉口内各流向交通流行驶轨迹所需空间之外的多余面积，用标线或渠化岛构筑。

渠化岛主要位于交通比较复杂的交叉口，一般与交通信号灯配合使用，多采用高于路面的路缘石隔离车流，内部种植物以提升道路景观效果，其余设置人行道铺装提供行人过街驻足及二次过街。渠化岛既有安全岛的作用，为过街行人提供安全和保障；又有导流岛的作用，将右转与其他轨迹的车辆分隔开来，减小发生冲突的概率。渠化岛面积不宜小于 $20m^2$，右转专用车道半径应大于 25m，并应按设计车速及曲线半径大小设置车道加宽。

（3）交叉口非机动车交通组织

交叉口非机动车交通组织，通常采用以下方法渠化非机动车交通：

1）在非机动车进入交叉口前，在机动车与非机动车之间进行隔离处理，可采用侧分带、隔离栏杆进行隔离，在空间受限时也可采用划设标线的形式进行隔离。

2）在非机动车进入交叉口右转时可顺着非机动车道继续行驶，为了彻底做到机非隔离，左转及直行时非机动车可通过人行横道线进入渠化岛内，与行人在同一绿灯相位横穿道路。

（4）交叉口行人交通组织

交叉口行人交通组织，可采用以下方法：

1）在交叉口内渠化岛之间设置行人通行的反光型人行横道线，以便过往车辆能清晰地看到行人的行走方向，且人行横道线尽量短。

2）部分高等级道路两渠化岛间的距离较长，人行横道线大于 16m 时，为了确保行人的安全，在路中人行横道里面应设置二次过街安全岛。

（5）交通信号灯设计

在交通信号灯控制设计时，需要遵循一定的原则，具体有以下几种：

1）信号灯应设置在合适且醒目的位置，确保信号灯不会被标志牌、行道树等遮挡，道路上车辆能够较容易观察到。

2）在设置信号相位时应充分了解交叉口各流向的交通特征及流量，合理设置信号灯的相位顺序。

3）在理想的信号周期及合理的相位设置的指导下，根据交叉口各向进口道的交通量的不同，设定各相位的信号配时，在高峰小时及平峰小时流量相差较大的交叉口，还需要根据交通量的变化设定多个信号配时方案，以适应交通流量的变化。

4.1.2 不同场景交叉口渠化方式

1. 较大的交叉口渠化方式

当道路断面车道数较多或存在上跨、下穿立交时，往往导致交叉口的面积过大。此类交叉口内部空间资源较为丰富，但若渠化设计处理不当，容易引发诸多交通问题：一方面机动车、非机动车及行人通过交叉口的距离较长，导致交叉口通行效率较低；另一方面由于过街距离较长，容易导致不同交通方式的运行轨迹出现混乱交织，甚至相互冲突，过街安全性较低。

为改善此类交叉口的交通问题，应从道路空间资源、时间资源、行车轨迹等方面合理设计，规范各类交通方式的行驶轨迹，充分挖掘交叉口的潜能。主要的改善设计思路是缩小交叉口面积、规范机动车运行轨迹、提高路口放行效率。常用的改善措施有：调整车道布局、停止线前移、设置待行区与待转区、施划导流线与导向线、优化信号配时方案等方式。

2. 畸形交叉口渠化方式

畸形交叉口多因地形、道路规划方案等因素影响而产生，其本身的几何特性往往导致交通冲突危险性增加。一般畸形交叉口可分为多路畸形交叉口和斜交畸形交叉口。

为改善畸形交叉口的通行效率、提高交通安全水平，主要的改善设计思路是设置渠化岛或标志标线，明确畸形交叉口内不同交通方式的行车轨迹。常见的改善措施有：通过交通标线等将畸形交叉口改造为规则交叉口、设置单行道简化交通、优化信号配时方案、增设信号灯控制等。

3. 环形交叉口渠化方式

环形交叉口按其控制方式可以分为两种类型，一种是无信号控制的环形交叉口，另一种是信号控制的环形交叉口。无信号控制环形交叉口是现阶段保留环岛中比较多的管理模式，也是传统的环形交叉口模式。

在交通流量较低的条件下，环形交叉口与一般平面交叉口相比，具有管理简单、能有效减少车辆延误等优点。但随着交通流量的不断增长，无信号控制环形交叉口的弊端逐渐凸显。在通行效率方面，环形路口的通行能力较为有限，主要是由于受到中心环道交织段的影响，各进口的直行与左转车均要在环道上交织行驶，特别是当环道车道较多时车辆交织严重，交叉口的通行能力受限。

基于上述分析，为改善环岛交叉口的通行状况，在交通工程规划阶段要根据相交道路条件以及交通流量条件，合理选用环形交叉口。为改善环形交叉口的交通运行状况，主要的改善思路是减少车辆交织、优化路权分配提高通行效率。常见的交通提升措施有：调整车道功能布局、禁止部分交通流向、增加信号灯控制、优化信号控制方案、改造环岛为平面交叉口、完善交通标志标线和隔离设施等。

4. 左转交通流量较大的交叉口渠化方式

左转交通流量较大的交叉口，主要存在的问题或造成的影响：左转车辆在1个信号周期内无法通过路口。对于拓宽的左转车道，左转车辆排队溢出甚至会阻碍本进口道直行车辆通行等。

出现上述情形后，首先要分析左转车辆排队长的原因，有针对性地通过空间扩容、时间优化等方式提高左转车辆放行效率。常见的提升措施有：压缩进口车道宽度或拆除绿化带增设左转专用车道、"借道左转"、设置可变导向车道、提前设置掉头通道或禁止车辆掉头、"借道掉头"、采用搭接相位等。

5. 交通流量较大的交叉口渠化方式

当交叉口的交通流量过饱和超出交叉口的通行能力时，往往会造成交叉口进口道长距离排队。此时，如果在一个信号周期内的排队车辆无法清空，导致车辆二次排队或多次排队时，极易造成上游路口交通流溢出，路口发生死锁现象，从而使周边路口严重交通拥堵。

为改善交叉口的拥堵现状，首先应分析排队过长的原因，如车道功能划分、信号控制方案等是否存在可优化之处，充分挖掘道路时空资源，提高路口放行效率。常见的改善措施有："车道瘦身扩容"（压缩车道宽度，增加车道数）、用拆除部分绿化带等方式增加进口道车道、设置左弯待转区和直行待行区、设置可变或潮汐车道、优化调整路口信号控制方案（周期、绿信比、相位、相序）、取消路内停车泊位等。

6. 行人流量大的交叉口渠化方式

当行人流量较大时，部分道路人行横道由于宽度设置不足，对向通行的行人易互相干扰，降低行人通过路口的效率。特别是在一些双向六车道以上的道路，行人难以在绿灯时间内一次穿越道路，而路段中央缺乏行人驻足等候空间，尚未完全通过路口的行人面临"进退两难"的境地，既影响机动车的通行效率，同时存在较大的交通安全隐患。

基于上述分析，在行人交通流量较大的路口，应在尽量保障行人通行安全的情况下，减少行人、非机动车和机动车的相互干扰，同时提高路口的通行效率，主要可采取以下交通措施：施划斜穿式人行横道、增设行人过街安全岛、交叉口边缘增设隔离护栏、设置交通连廊或地下通道等措施，及采用行人专用信号相位、设置二次过街信号灯等信号控制措施。

7. 非机动车流量大的交叉口渠化方式

当交叉口的非机动车流量较大时，由于骑行人急于过街的心理特征，往往存在非机动车越线停车，不按交通信号行驶等交通违法行为。特别是对于一些特殊的渠化措施，例如交叉口设置实体的物理渠化岛时，若渠化岛的面积不足以容纳待行的非机动车，容易导致非机动车在岛外停车等候，一方面容易阻碍右转机动车和行人的通行，另一方面右转机动车车速较高，对过街的非机动车和行人有一定的威胁，存在交通事故隐患。

主要改善思路为保障非机动车的通行权，提高路口通行效率，减少不同交通方式之间的交通干扰，提高各种交通方式的通行效率。常见提升对策有：设置非机动车专用道及机非隔离设施、机动车停止线后退、设非机动车待行区、施划非机动车过街通道、非机动车信号灯早启或机动车信号灯迟启、施划彩色路面明确非机动车通行区。

8. 公交专用道的交叉口渠化方式

公交专用道是专供公交车辆使用的车道，可设置为全天候或在特定时段使用，公交专用道为公交车辆提供道路优先权，从而提高公交车辆的运行速度和服务水平，以吸引更多的交通出行者使用公交车辆出行。进口道设置公交专用车道主要有以下问题：一是当道路空间受限时，路口进口道数量较少，设置公交专用车道后，早晚高峰期间其他社会车辆交通通行压力较大；二是社会车辆左转或右转交通流与公交车辆相互交织干扰，降低了路口通行效率。

基于上述问题，对于设置公交专用道路口的交通通行现状，主要改善思路是减少公交车辆因变化车道与其他社会车辆产生的交通交织，提高路口的通行效率。常见的改善措施包括：借用公交专用道设置社会车辆右转车道、设置公交专用信号相位（路中式公交专用道）、公交专用道与电车轨道合并设置、左转车道右置等措施。

9. 有轨电车的交叉口渠化方式

现代有轨电车作为在道路上通行的新型公共交通方式，从国内各城市规划建设和试点情况来看，有轨电车运行线路占用现有道路资源，并与社会交通并行通行，加剧交通组织的复杂程度，加剧现有道路交通畅通疏堵的压力；而且，现代有轨电车作为在道路上通行的新型公共交通方式，需要倡导并提供公交优先发展、给予在路口的一定信号优先权利。

有轨电车经过的路口，在渠化时应主要考虑避免有轨电车与机动车、非机动车、行人的交通冲突，同时保障各类交通方式的路权及过街安全性。常见的改善措施有：设置交通标志、标线等明确通行空间，通过合理的交通控制提高有轨电车的通行效率。

4.2 主干路沿线交叉口间协调组织

4.2.1 主干路沿线交叉口信号协调控制

主干路沿线交叉口间可通过信号协调控制（即绿波控制）的方式实现主干路连续流交通组织，使车流尽可能连续通过多个相邻交叉口，从而减少停车次数，提高主干路通行效率。按照信号控制方式可划分为干线定时协调、干线感应协调和干线自适应协调；按照干线协调的方向划分为单向绿波和双向绿波。

1. 单向绿波

单向绿波是以单方向交通流作为优化对象的干线信号协调控制方式，常用于单向交通，或两个方向交通量相差悬殊的潮汐交通。

单向绿波协调控制方法如下：

1）根据单点优化方法计算各个相位的周期和绿信比，并判断关键交叉口。

2）以关键交叉口周期为公共周期，确定非关键交叉口的绿信比。

3）计算相邻交叉口之间的相对相位差，即车辆通过相邻交叉口的时间差，当遇到有车辆排队时，需要对相位差进行调整。

2. 双向绿波

双向绿波带是指把主干路上一批相邻的交叉路口的交通信号连接起来，加以协调控制，使主干路正、反两向的车辆通过这些交叉口时，尽可能处于绿灯相位，为主干路直行正、反两个方向的车队提供最大绿波带，减少干道上的延误和停车率，以保证干道上的车辆能够畅通行驶。这种方法称为"双向绿波信号控制"。

第4章 交叉口时空协调交通组织

双向绿波信号协调控制（图4-1）在交叉口间距相等时比较容易实现，且当信号间车辆行驶时间正好是线控系统周期时长一半的整数倍时，可获得理想的效果。各交叉口间距不等时，必须采取试探与折中方法求得信号协调，否则会损失信号的有效通车时间，提高相交街道上的车辆延误。

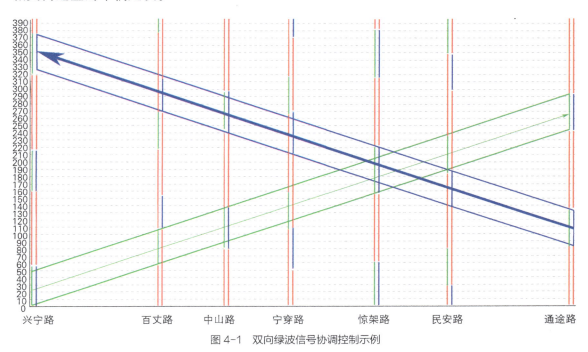

图4-1 双向绿波信号协调控制示例

双向绿波信号协调控制主要有以下三种协调方式。

（1）同步式协调控制

同步式协调控制是指两交叉口干线放行方向的绿灯（或红灯）信号起点（或中心点）时刻相差为0，即相对相位差为0的干线信号协调控制方式，可以分为起点同步与中心同步两种。

当车辆在相邻交叉口间的行驶时间等于信号周期时长整数倍时，相邻交叉口可以组成中心同步式干线协调控制，以保证车辆连续通过相邻交叉口。

当相邻交叉口间距较短，主干路方向交通量很大，下游交叉口红灯排队车辆可能蔓延至上游交叉口时，适宜将相邻交叉口组成起点同步式干线协调控制，以避免发生交叉口的交通拥堵。

（2）交互式协调控制

交互式协调控制是指两交叉口主干路放行方向的绿灯（或红灯）信号中心时刻点，相差周期的一半的干线信号协调控制方式（中心交互）。当车辆在相邻交叉口间的行驶时间等于信号周期时长一半的奇数倍,相邻交叉口可以组成交互式干线协调控制,以保证车辆连续通过相邻交叉口。

(3)续进式协调控制

续进式协调控制是指根据干道上的行驶车速与交叉口之间的距离,确定合适的相位差,以协调干道上各交叉口主干路放行方向绿灯的启亮时刻,使得在上游交叉口绿灯启亮后驶出的车辆,只要以适当的车速行驶,就可在下游交叉口绿灯期间到达。

4.2.2 主干路沿线交叉口时空一体化交通组织

时空一体化交通组织,是在保障交通安全和连续流交通组织的前提下,按照"时间不足空间补、空间不足时间补"的思路,通过交通信号优化与交通组织优化调整双管齐下,实现时空资源的最大化利用。

1. 一体化基本特性和适应性

(1)交通信号优化

交通信号优化主要是通过信号配时对交通流进行限制、调节、诱导、分流来实现交叉口时间资源的合理利用,起到疏导交通、保障交通安全与畅通的作用。它的优点是调整快捷、灵活性强,实施成本相对较低;缺点是优化空间有限,有时受道路空间条件约束,无法充分发挥最佳效果。

(2)交通组织优化

交通组织设计是在现有的道路空间内,通过设计科学合理地分时、分路、分车种、分流向使用道路,使道路交通处于有序、高效的运行状态,科学的交通组织设计使交通运行更加安全、顺畅、高效。它的优点是优化力度大、可操作性强;缺点是调整动作大、实施成本相对高、灵活可逆性稍差。

2. 信号主导下的时空一体化交通组织

信号主导模式的优势在它的灵活性和强制性,能够在主干路交通组织优化时实现时空资源的最大化利用。

(1)信号协调控制主导车道功能优化

在交叉口时空资源分配过程中,交叉口进口道直行和左转的车道数和绿灯时长是可以互补调整的。在进行干线协调控制时,可通过增加左转车道压缩左转绿灯时长,使主线直行相位时长增加,从而获得更好的协调控制效果。

（2）信号相位优化主导交通禁限管制

根据交通流量结构的不同，交通配时优化时会产生灵活多变的相位组合，当几个主要车流形成组合相位时，可能会与部分小流量方向车流存在冲突，为保证主流量方向的通行效果，可以对车流量较小的方向进行禁行管制（如禁左）。

（3）信号配时优化主导可变车道设置

可变车道是目前交通节点优化提升中较为有效的一类优化方案，是交叉口时空资源深度挖掘的重要手段。它的主要优化思路是利用交通信号控制，实现交叉口空间资源的可变利用或是重复利用。

（4）信号相序优化主导待行区合理设置

待行区是交通渠化改造中常见的措施，通常待行区的设置需要考虑空间和时间两个因素，空间就是考虑交叉口内部是否存在施划待行区的区域，而时间就是考虑在配时中是否存在车辆进入待行区的时间。在交叉口满足施划待行区时，由信号配时相序决定最终是设置左转待行区还是直行待行区。

主干路沿线交叉口实施时空一体化交通组织后，经评估绿波效果较好的路段，建议设置建议绿波速度引导标志牌，如图 4-2 所示，引导驾驶人以建议绿波速度通行。

引导标志牌

LED 引导屏

图 4-2 建议绿波速度引导标志牌或小型 LED 引导屏

4.2.3 主干路沿线交叉口慢行一体化交通组织

遵循以人为本、安全第一的原则，在具备条件的主干路沿线交叉口实施慢行一体化交通组织，包括行人二次过街交通组织和行人二次过街信号控制，以及左转非机动车直行二次过街。

1. 行人二次过街交通组织

按照应设尽设的原则,在具备设置行人二次过街安全岛条件的斑马线,均应设置安全岛,保障行人过街安全并降低最小行人过街时间;已设置行人二次过街安全岛的,尽可能在安全岛上设置人行横道信号灯,通过信号控制优化最大限度增加行人过街时间,如图4-3所示。

图4-3　行人安全岛和行人二次过街信号灯

2. 非机动车禁左交通组织

针对复杂交叉口在机非混行情况下通行效率低、事故多发等问题,为减少非机动车,尤其是左转非机动车对交叉口交通运行的影响,并增加信号相位调整的灵活性,应禁止非机动车左转通过路口,引导左转非机动车直行二次过街,如图4-4所示。

图4-4　非机动车二次过街配套标志牌

第5章 接入管理

Chapter Five

本章主要介绍主干路沿线出入口接入主干路的基本条件，接入管理的交通组织策略，并介绍接入管理的方法，以及各种方法的适用条件和配套设施要求，最后以实际案例进行补充说明。

5.1 接入的基本条件

为尽可能减少路段开口对主线交通的干扰，机动车出入口的设置以不影响步行和自行车交通的通行为前提。在行人和自行车流量较大的道路上，以及对街道环境品质要求较高的商业街、社区支路等地段，应减少机动车出入口的个数。在 CJJ 152—2010《城市道路交叉口设计规程》中，对地块及建筑物开口位置进行了规定。

地块及建筑物的机动车出入口不得设在交叉口范围内，且不宜设置在主干路上，宜经支路或专为集散车辆用的地块内部道路与次干路相通。改建交叉口附近地块或建筑物出入口应满足下列要求：主干路上，距平面交叉口停止线不应小于 100m，且应右进右出。

基地机动车出入口开设应符合项目规划条件的规定。受条件限制，必须在主干路上开设机动车出入口时，应结合基地周边道路交通设施条件，对机动车出入口的交通组织方式予以论证确定。

城市主干路上的路段出入口之间的最小间距为 90m。主干路沿线出入口接入时，建议保障人行道高度不变，车辆设置缓坡接入机动车道。

5.2 接入交通组织策略

在路网系统中，不同等级道路依据自身功能定位，呈现不同的功能层级（表 5-1）。

可按城市道路功能可分为快速路、主干路、Ⅰ级次干路、Ⅱ级次干路、支路、接入道路 6 个功能层级。

表 5-1　城市道路位阶表

道路等级	位阶	道路等级	位阶
快速路	1	Ⅱ级次干路	4
主干路	2	支路	5
Ⅰ级次干路	3	接入道路	6

沿线出入口接入主干路时，属于低位阶功能层级道路接入高位阶功能层级道路，两者存在一定的位阶差（道路阶差大于 2），驾驶人面临较大的驾驶任务变化，易产生交通拥堵和安全隐患。

道路规划建设时应尽量采用道路位阶接近的道路进行接入，尽量避免单位开口、支路接主干路或快速路等情况，从严控制主干路路中央隔离带开口，从源头上减少交通堵点和事故黑点。当道路阶差绝对值大于 2 时，可采用右进右出控制和无信号控制。

5.3　接入交通组织方法及配套设施

主干路路段开口接入管理的方法一般有 5 种，即信号灯控制、右进右出控制、无信号控制、避免左转进出和联合出入口控制。

5.3.1　信号灯控制方法及配套设施

根据交通或生活功能的主导性，城市主干路可分为交通性主干路和生活性主干路。

交通性主干路是以服务通过性和跨区机动车交通为主的城市道路，强调贯通性和机动性，设计时应以提升机动车交通通行能力和交通效率为主。在已设置绿波的城市主干路，路段沿线开口有行人过街需求时，为保证绿波的连续性，应设置路段信号灯控制交通流。

生活性主干路是以提供交通可达和生活功能为主的城市道路，强调人的可达性和生活的舒适性，并满足周边居民日常购物生活和社交需要，因而此类主干路周边小区、商场、医院、学校等较多，行人过街需求大，应设置路段车行信号灯，信号灯设置交通流条件见第 7 章 7.1 节。

主干路沿线出入口的信号灯控制方式及配套设施如图 5-1 所示。出入口处设置停车让行标志，配套停车让行标线。

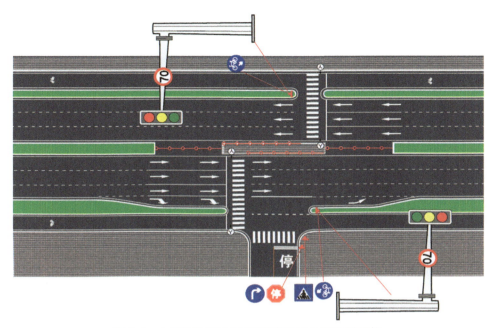

图 5-1 主干路沿线出入口的信号灯控制方式及配套设施

5.3.2 右进右出控制方法及配套设施

右进右出控制方式一般适用于城市支路接入主干路的情形。

右进右出控制方式中,沿线单位只能通过右转的方式进出。路段开口是否进行右进右出控制,对沿线进出交通组织与管理的影响较大,这主要取决于道路的交通功能及沿线进出交通需求条件。图 5-2 给出了两种方式下的交通冲突状况的比较。

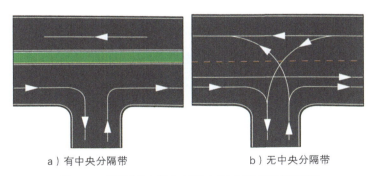

a) 有中央分隔带　　　　b) 无中央分隔带

图 5-2 是否进行右进右出控制时的交通冲突状况比较

当道路等级较高时,需要优先选择对相关开口进行右进右出控制,以保障道路主线交通流的通行能力及行驶安全性。

城市主干路沿线一般单位进出口应选择右进右出交通设计模式,如图 5-3 所示。车辆只能右进右出,禁止左转。利用缩减中央分隔带设置掉头车辆的蓄车区。在该模式下,冲突可以显著减少，主线通行能力和速度较高，但进出交通绕行较严重，会增加其上下游掉头开口的交通压力。该模式适用于主要道路交通流量较大、出入口左转需求量不大，且路段分隔带足够宽，有掉头条件的情况。

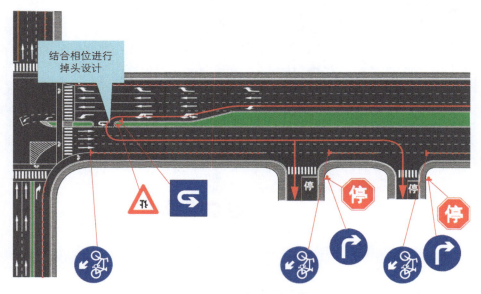

图 5-3　右进右出控制交通设计示例

当主干路车流密集、单位进出车辆较多时，应在右转右出交通组织的单位进出口处设置加减速车道，如图 5-4 所示。增加右转车辆蓄车区，提前将右转车与直行车分离，减少右转车换道进入或离开所引起的交织，运行效率和安全性最高，但进出交通绕行大，且需要道路有足够的的宽度。该模式适用于主线流量大、右转进出交通流量大，且主路有拓宽余地的出入口处。

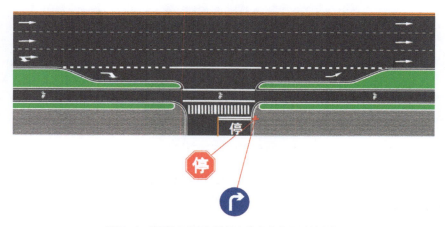

图 5-4　设置加减速车道的右进右出交通设计示例

除了右进右出控制方式之外，还有一种左转进出的控制方式，但存在较多的冲突点，要求主线车速较低，且主线交通流存在进出交通左转的可穿越间隙，这种交通组织方式通常在主线机动车交通流量不大的城市支路上使用。

主干路沿线出入口的右进右出控制方式及配套设施如图5-5所示。出入口处设置停车让行标志，配套停车让行标线，有人行横道线处应设置人行横道标志。

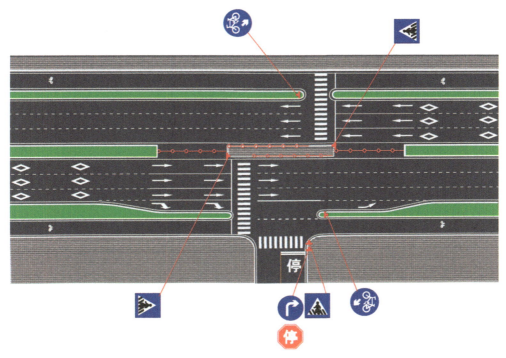

图 5-5　主干路沿线出入口的右进右出控制方式及配套设施

5.3.3　无信号控制方法及配套设施

无信号控制方式中，沿线单位能通过左转和右转的方式进出，必要时在单位上进行让行控制。对于部分重要的单位，可在开口处设置网格线如图5-6所示，保证单位车辆能正常进出。

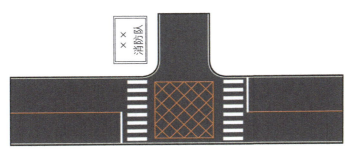

图 5-6　重要单位开口的网格线设置方式

支路对主干路造成横向干扰的交叉口的交通组织设计方法，主要包括：

1）主干路实施中央隔离，进出交通只可右进右出。当右进右出车流量较大时，为了减少低速进出车辆对主路交通的干扰，宜在主路开口处进行必要的拓宽设计。具体的右进（由主路进入路侧出入口）扩宽长度，应基于右进交通量和可能的排队长度分析加以确定；右出拓宽长度则应满足车辆完成加速过程的需要。

2）路侧出入口开口的铺装仍保持与路段相同的慢行交通铺装方式，而支路开口处需要设置行人及非机动车过街横道。两者的慢行通道皆需为主线右转进入出入口的车辆留有一辆车的待行空间（5~6m），以减少右进车辆减速驶入路侧或支路时可能对主线直行交通产生的影响。

主干路沿线出入口的无信号控制方式及配套设施如图5-7所示。出入口处设置停车让行标志，配套停车让行标线，人行横道线处应设置人行横道标志，路段来车方向应提前设置人行横道预告标志。

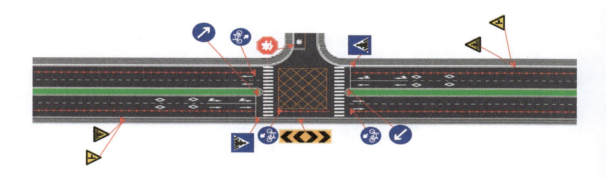

图5-7 主干路沿线出入口的无信号控制方式及配套设施

5.3.4 避免左转进出方法

为避免主线及其沿途的车辆直接左转进出道路开口，可采用3种交通设计方法：一是网络交通组织方法，使车辆绕道而行，变左转为右转；二是使车辆在交叉口实现左转掉头；三是在路段上设置掉头车道或左弯待转区。

在三块板道路上，应尽量保持机动车与非机动车分隔带的连续性，路段上机非分隔带开口间距一般不应小于200m。路侧车辆出入前，可以借非机动车道行驶一段距离后再出入主线；在沿线交叉口间距较小的情况下，车辆可利用交叉口实现左转。

交叉口上游有高架下匝道时，可考虑利用墩位中央分隔带进行远引掉头。若中央分隔带宽度足够、交叉口间距过长时，可考虑压缩中央分隔带，以设置掉头待行区段和汇入区段，同时将路段行人过街横道与掉头车道进行协调布设；当主线车速较高，还可考虑设置路段掉头专用信号灯，其控制方案应与其上下游交叉口信号或附近的行人过街信号加以协调。

对于某些特殊的进出交通（医院救护车、消防车等），可允许车辆直接左转进出，但须进行优化设计。可利用中央分隔带或压缩车道形成待行区。必要时可辅以感应信号加以控制，确保其交通安全与通行效率。

机非隔离带开口方式应与出入口的进出方式有关，对于右进右出车辆，在机非分隔带处不需要留有车辆等待的空间；对于左进左出的方式，因车辆需要穿越主路各车道，需要等待一个可穿越间隙，因此需要在机非隔离带上给车辆设置停车空间，降低其对主路车流的影响。

5.3.5 联合出入口控制方法

位于城市主干路上的一些距离较近的出入口，可通过使用联合出入口的交通控制方式，来降低进出车流对主线交通流的影响，如图5-8所示。该方法适用于相邻两个交叉口间距较长的主干路辅道出入口。

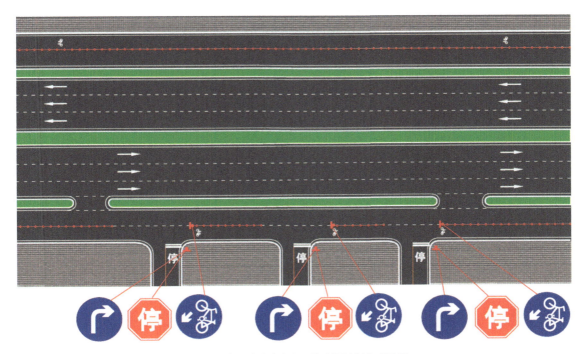

图5-8 主干路联合出入口的交通控制方式示例

第6章 交通管控措施

Chapter Six

6.1 速度管理

6.1.1 限速的基本条件要求

1. 限速值的影响因素

影响限速值的除了设计车速、法定限速和运行车速以外，还有以下几项因素。

（1）道路功能

确定的限制速度应合理，符合道路功能。

交叉口类型和交叉口所采取的交通控制措施特点：所有类型的交叉口对于道路使用者而言都存在相对较高的风险，除了高速公路以外的所有道路都要采用更低的限速值；交叉口不显著的路段与那些交叉口或环岛容易辨识的路段相比，应采取更低的限速值。

（2）道路环境

道路环境包括路侧开发程度、道路特征及交通特征。

路侧开发程度主要包括路侧土地使用类型，如居住区、商业区、学校、医院等，以及路侧非机动车与行人通道设置等。路侧开发程度是确定限速区的主要参考依据。理想情况是路侧开发程度和道路特征确定的最高限速值一致。

道路特征主要包括道路设计标准，如线形、横断面布置、车道宽度、交叉口及接入口密度、交叉口视距、临近道路的速度等。

交通特征主要包括交通流量与交通组成，交通组成包括非机动车交通，也包括混合交通情况和不同类型的弱势道路使用者。允许进入道路的车辆类型与标准：允许弱势道路使用者如自行车使用的道路的限速，应该比仅允许四轮机动车使用的道路的限速值低。

（3）历史事故

仅当考虑道路功能、运行速度、道路环境确定的限制速度不一致时，可考虑历史事故情况。

历史事故记录，事故严重性（身体伤害）和事故率（按车公里计）；道路平纵线形；事故多发路段应降低限速。

如果历史事故表明事故多发，表明了宜采取综合改善措施，而非仅改变限制速度。

（4）其他因素

其他因素包括道路的自由流车速和在当前限速下车辆能够安全超车的能力（视距范围内）。道路限速值应高于车辆安全超车的速度。

道路的自由流车速，指不受道路上下游条件影响的交通流运行速度。一般确定限速值时，都以自由流状态下的车辆行驶速度作为理论速度的基本值。自由流车速通常包括下列两种情况下的车辆速度。

1）交通流的理论速度，是交通密度趋于零时的速度，亦即几乎没有其他车辆时的速度。

2）在交通量很小的条件下，车辆通过没有信号交叉口的城市干道的路段平均速度。

2. 限速值的验证

首先，根据道路型态定义低阶超速（Low-Level Speeding）、中阶超速（Medium-Level Speeding）与高阶超速（High-Level Speeding）。低阶超速指超速值仅稍大于限速值，如对高速公路、城市快速路而言，实际速度比限速值高5km/h之内可定义为低阶超速。同理，可定义高出5~10km/h时为中阶超速、高出10km/h时为高阶超速。

针对某一长路段或特定地段，根据日常速度监测信息建立超速车辆散点图（图6-1）。如果绝大部分超速均为低阶超速，代表原设定限速值尚属合理；如大部分超速为中阶超速，代表原设定限速值可能应进行些微调升；如大部分超速均为高阶超速，极有可能代表原设定限速值不合理，必须进行更严谨的工程研究，来决定是否要提升限速值。

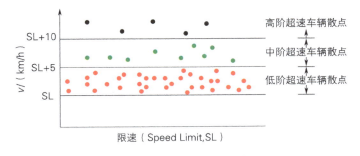

图6-1 路段超速车辆散点示意图

低阶超速车辆或许对整体车流稳定性影响甚微，对道路交通安全的威胁也可能较小，绝大部分驾驶人都有为避免受罚扣分，而控制车速不超过限速值的心理因素。低阶超速车辆数的比例较低时，可能是驾驶人短暂分心（Distraction）的无心过失。而低阶超速车辆数的比例较高时，道路交通主管机关应思考，道路限速值是否明显低于驾驶人的期望速度。

6.1.2 限制速度的选取策略

路段限速取值时，需满足以下3个基本前提。

1）限速值一般宜小于或等于设计车速。

2）限速值应与运行车速大致相当，即在设置限速后，超速车辆应是少数的。

3）在道路和交通条件较差的路段，限速值需小于或等于设计车速。

在综合考虑城市道路的实际交通情况、事故情况后，一般可采取如下策略来确定道路的限速值。

1）对于道路和交通条件受限或较差的路段，限速值需小于或等于设计车速。

2）一般情况下，应实施固定限速管理。在经常发生恶劣天气、交通事故、交通拥堵的路段，宜实施可变限速管理。

3）在幼儿园、学校、医院、养老院门口路段以及街区内道路，应采取强制降低车速的设计。

4）如果限制速度值和设计速度值的差值超过20km/h，则需进一步分析、观测或预测、调整。

5）道路上长大结构物，如跨海大桥、特长隧道、山区高墩特大桥等，限制速度值不应高于设计速度值。

6）路域交通环境复杂，存在横向干扰的路段，限制速度值不应高于设计速度值。

7）限制速度值是10km/h的整数倍。

8）当道路功能或环境发生较大变化时，应对限制速度值进行评估，根据需要对限制速度值进行调整。

9）限速区最小长度，见表6-1。

表6-1 限速区最小长度

限速值/（km/h）	30	40	50	60	70	80	90	100	>100
限速区最小长度/km	0.3	0.4	0.5	0.6	0.7	0.8	0.9	2.0	10.0

注：1. 学校区的限速区最小长度是0.2km。
  2. 高速公路和城市快速路上，限速区最小长度是2.0km。

6.1.3 限速值的选取方法及配套设施

1. 限速值的选取方法

在路段限速管理中，涉及路段车速主要有法定限速、设计车速和路段实际运行车速3种车速。

限制速度值以道路的设计速度值为基础，可以取设计速度值或低于设计速度值。在符合法律规定的前提下，限制速度值也可以提高10~20km/h，但不得高于120km/h。如果限制速度值比设计速度值高10~20km/h，应进行交通工程论证。

《中华人民共和国道路交通安全法实施条例》中的第四十五条对道路限速的规定为：机动车在道路上行驶不得超过限速标志、标线标明的速度。在没有限速标志、标线的道路上，机动车不得超过下列最高行驶速度。

1）没有道路中心线的道路，城市道路为30km/h、公路为40km/h。

2）同方向只有一条机动车道的道路，城市道路为50km/h，公路为70km/h。

另外，例如《浙江省实施〈中华人民共和国道路交通安全法〉办法》中的第四十三条规定：机动车在道路上行驶不得超过限速标志、标线标明的速度。在没有限速标志、标线的道路上，同方向划有两条以上机动车道的道路，城市道路最高速度为60km/h，公路最高速度为90km/h；在单位院内、居民居住区内，最高速度为20km/h。

在城市道路的主要规范中，对设计车速的具体取值见表6-2。其中主干路设计速度为40~60km/h。

表6-2 CJJ 37—2012《城市道路工程设计规范》中规定的城市道路设计车速

(单位: km/h)

道路等级	快速路			主干路			次干路			支路		
设计车速	100	80	60	60	50	40	50	40	30	40	30	20

运行车速是指在一定的道路几何条件下，某种车辆的实际行驶速度。实际应用中常取一个代表性的速度，如以实测的第85百分位车速为运行车速。85%位车速（简称V85）是指在行驶的全部车辆中有85%未达到的车速，常用为确定最高行驶速度的重要参考数据。

从交通工程的角度来看，国内外采用4种通用方法来设定限制车速。

（1）工程方法

以交通工程学原理，对道路基础设施条件和交通状况进行调查分析，例如行人穿越道路、中间隔离带等，考虑各项因素而制定限制速度。工程方法又分为：运行速度法，以第85百分位车速为基准点设置限制速度；道路风险法，以道路功能分类和设计参数为基准设置限制速度。

（2）专家系统方法

限制速度由计算机程序设定，该程序是由美国联邦交通管理局编写，利用积累的相关知识和经验，电脑模拟判断，提供最合适的限制速度。该系统存储有知识库，在得到特定的条件数据后，可进行分析模拟道路条件和交通状况，得出适合条件的限制速度值。

（3）最佳优化方法

以减少运输的总社会成本来设定限制速度。确定最佳限制车速时要考虑旅行时间、车辆运营成本、道路交通事故、交通噪声和空气污染等因素。

（4）伤害最小化或安全体系方法

根据可能发生的碰撞类型，撞击力产生的结果，以及人体对这些力的耐受性，来设置限制速度。

限速值应取 10km/h 的整数倍，可参考采用下述原则进行确定。

1）当限制速度值比设计速度值高 10~20km/h 时，应进行交通工程论证。

2）可根据限速区段内代表路段的运行速度（V85）为基础，在其上下 5~10km/h 范围内取值。选取的代表路段应避开信号灯控交叉口。

3）设计速度和运行速度（V85）确定的最高限制速度差值超过 20km/h 时，应进一步分析、观测和调整。

4）依据运行速度确定限速值时，道路的各项技术指标应能够符合最高限制速度对应的技术要求。

道路上长大结构物，如桥梁、隧道等，限制速度之不宜高于设计速度值。路域交通环境复杂存在横向干扰的路段，限制速度不宜高于设计速度值。如图 6-2 所示，学校区域的限制速度一般为 30km/h。

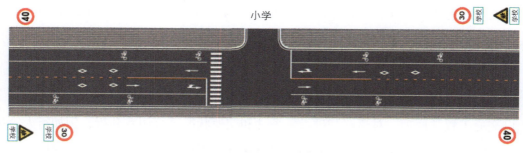

图 6-2 学校区域限速标志设置

注：图中 40 为通过学校区域之后新的限速标志，限速值为示例。

2. 配套设施

限速标志是道路交通标志中禁令标志的一种，它表明从该标志开始到解除限制速度标志的路段，机动车行驶的速度不能超过标志所示的数值，否则将会导致不安全的驾驶行为。

限速标志宜设置在限速区起点；在经过城市快速路入口和平面交叉后或其他需要提醒驾驶人的地方可重复设置。

限制速度标志宜单独设置，除最低限速标志或辅助标志外，限制速度标志柱上不宜附着其他标志。如果需要对某一类车型的速度进行限制，应以辅助标志表示，不宜直接在标志面上附加图形或文字，示例如图 6-3 所示。

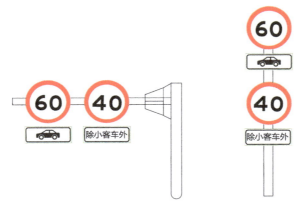

图 6-3　辅助标志表示不同车型的限制速度示例

同向 3 车道及以上道路，宜在两侧同时设置限速标志，或在车道上方设置限速标志。

限速标志的设置考虑到车辆遮挡和视认角度因素。分车道限速时，限速标志宜设置在车道正上方，示例如图 6-4a 所示。分车道和分车型结合限速，限速标志和车道专用标志宜设置在车道正上方，如图 6-4b 所示。标志含义为左侧车道小客车专用并限速 120km/h、中间车道限速 100km/h、右侧车道限速 80km/h。

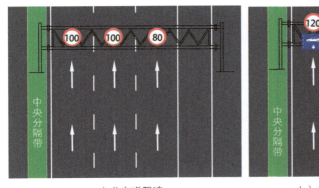
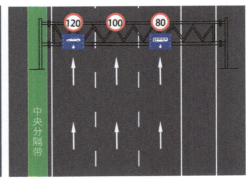

a) 分车道限速　　　　　　　　b) 分车道和分车型结合限速

图 6-4　车道限速示例

限速区内部分路段可根据实际情况采取低于最高限速值的建议速度标志（图6-5）。低于最高限速值的建议速度标志，不应和限速标志设置在同一位置或较近位置。

图6-5　建议速度标志示例

在以下情况下，可根据以下需求，条件许可时，设置可变限速标志：

1）天气变化，如雾、冰雪等。

2）超载超限检测站预检后车辆引导。

3）减缓交通拥堵的速度自适应控制。

设置可变限速标志如图6-6所示。

根据 GB 51038—2015《城市道路交通标志和标线设置规范》的规定：限制速度标志的设置应根据道路交通条件的变化，在限制速度变化值的起点处分别设置，在经过交叉口或其他需要提醒驾驶人的地方可重复设置（图6-7）。

图6-6　路面结冰、雨雪天气限速标志示例

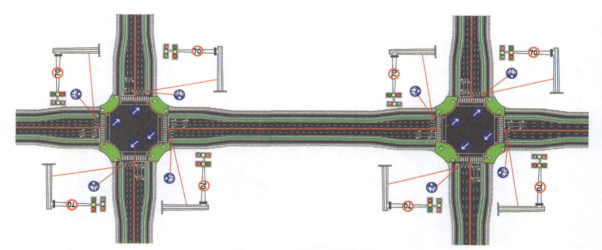

图6-7　干路限速标志重复设置示例

根据 GB 5768.2—2022《道路交通标志和标线》的规定：

1）区域限制速度标志（同 GB 5768.2—2009 的禁43）朝向进入区域的车辆，设置在进入限制速度区域前便于车辆观察到的适当位置，如图6-8所示。

2）区域限制速度解除标志（同 GB 5768.2—2022 的禁 44）朝向离开区域的车辆，便于驶离车辆观察，如图 6-9 所示。在实际中，城市主干路较少使用限制速度解除标志，而是通过设置新的限速标志来达到解除上一限速值的目的。

图 6-8　区域限制速度标志示例　　图 6-9　区域限制速度解除标志示例

根据 GB 51038—2015《城市道路交通标志和标线设置规范》的规定：

1）路面条件允许时，可根据需要在接近限制速度标志的路面上设置路面限速标记。

2）路面限速标记的限速值与限制速度标志的限速值应一致，如图 6-10 所示。

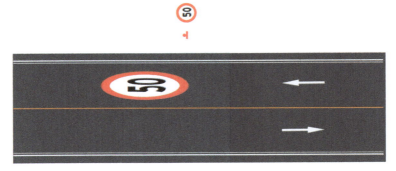

图 6-10　路面限速标记设置示例

6.2 掉头交通组织

6.2.1 掉头交通组织的基本条件

GB/T 36670—2018《城市道路交通组织设计规范》对交叉口和路段禁止掉头的情况进行了规定。交叉口在下列情况之一时，可采用禁止机动车掉头的方式。

1）掉头车辆对左转或直行交通流通行效率影响较大。

2）掉头空间不足，且没有条件在右侧设置专用掉头车道。

3）视距不良，掉头存在交通安全隐患。

满足下列情况之一时，可采取禁止在路段中间掉头的交通组织方式。

1）行车方向单向机动车道数少于3条。

2）需要掉头的大型车辆较多，无足够的掉头空间。

3）掉头车辆过多，严重影响对向交通正常通行。

实施禁止掉头后，主干路的掉头需求应能够通过交叉口掉头、路网绕行等方式实现。在禁止掉头的路段起始处，应设置禁止掉头标志，并用辅助标志说明范围、时段或车种。

6.2.2 掉头交通组织方法及配套设施

1. 交叉口掉头车道设置

在城市主干路中，主要考虑小型汽车和大型公交车的掉头设计，以下主要列举这两种车型掉头时的转弯半径要求，其他类型的车辆可选择参考。

假设车辆转弯的速度不低于15km/h，车道宽度为3.5m，两类车型的车长、需要的转弯半径见表6-3，掉头车道的空间设计必须满足表6-3中转弯半径的要求。

表6-3 掉头车辆转弯半径要求

车型	车长/m	转弯半径/m
小型汽车	4.9	7.3
大型公交车	12.2	13.7

为减少掉头车辆对交叉口通行的影响，同时提高掉头车辆的交通安全性，应根据交叉口道路的实际情形，选择适当位置合理设置掉头车道。掉头车道设置方式和设置位置，主要根据车辆的转弯半径和交叉口的断面形式来确定。

1）当道路中央设置有物理隔离带且宽度满足转弯半径要求时，掉头车道宜布置在进口道左侧，常规的设置方法有越过停止线掉头，以及在交叉口上游提前设置掉头开口。推荐采用提前设置掉头开口的方式。

2）当道路中央无物理隔离带时，建议采用越过停止线掉头的形式。

3）当不满足掉头车辆的转弯半径，且掉头车流量较大必须设置掉头车道时，掉头车道可布置在进口道右侧，即"掉头车道外置"。

2. 交叉口上游设置掉头开口

当道路中央设置有物理隔离带且宽度满足转弯半径要求时，可在交叉口上游距离停止线一定距离处设置掉头车道。为减少左转排队对掉头车辆的影响，提高掉头开口的利用率，不宜在禁止变换车道区内设置掉头开口，建议掉头开口与停止线的距离应不小于50m。当左直方向车辆分相位放行并设置行人二次过街时，该模式还可以减少与行人的冲突，如图6-11所示。

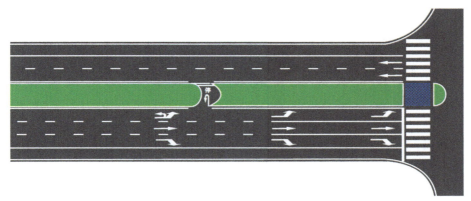

图6-11　在交叉口上游设置掉头开口示例

当掉头车辆过多，引起排队并影响所在道路其他车辆通行时，应将上游开口调整至交叉口，并采用信号灯控制。

因交通组织或管理需要，设有掉头车道或掉头点的路段或交叉口前，应设置允许掉头标志。允许掉头标志应设置在允许机动车掉头路段前的适当位置，或允许掉头交叉口端口位置。允许掉头标志应面对来车方向，与地面标线配合设置，标志设置不得干扰其他车道车辆的正常运行。

当允许掉头标志有时间、车种等特殊规定，或预告前方掉头的距离时，应采用辅助标志说明，如图6-12所示。

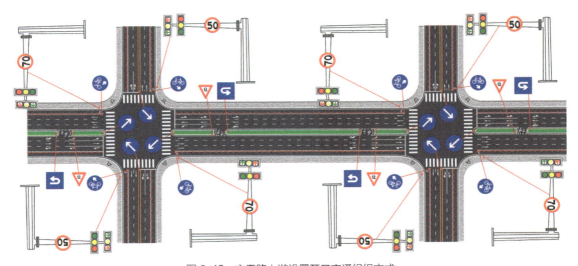

图6-12　主干路上游设置开口交通组织方式

3. 越过停止线掉头

交叉口空间满足掉头车辆转弯半径需求，且掉头车辆与行人冲突较少时，一般采用掉头车辆越过停止线和人行横道在交叉口内部实现掉头，掉头车辆与左转车辆共用左转车道，也可设置单独的掉头专用车道。

一般中央分隔设施较窄或通过划线隔离方式的交叉口，推荐采用这种模式，这种掉头方式下的掉头车辆完全受信号灯控制，根据左转信号灯实施掉头，如图6-13所示。

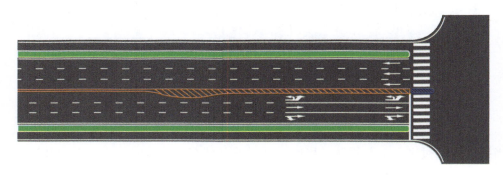

图6-13　越过停止线掉头示例

若遇交叉口进口道仅有一条左转车道，且不禁止掉头时，左转和掉头合用车道标志，可由左转车道标志替代；若交叉口进口道有多条左转车道，且部分左转车道禁止掉头时，宜在不禁止掉头的左转车道上设置左转和掉头合用车道标志，并在地面设置左转掉头合用导向箭头，如图6-14所示。

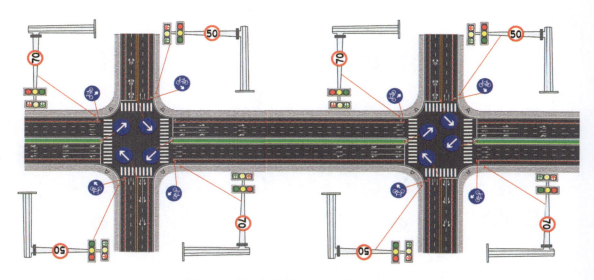

图6-14　主干路越过停止线掉头交通组织方式

4. 掉头车道外置

中央分隔设施较窄或未设置分隔带，大型车掉头的交通流量较大，车辆掉头转弯半径不足，或掉头交通流主要来源于靠近进口道右侧时，可将掉头车道设置在进口道右侧，此时，应配套设置车道行驶方向标志，明确告知驾驶人车道分布情况，如图6-15所示。

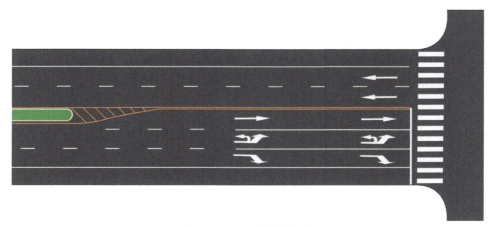

图6-15 掉头车道外置示例

6.3 潮汐车道交通组织

6.3.1 潮汐车道的基本条件

结合GB/T 36670—2018《城市道路交通组织设计规范》的规定，潮汐车道的设置需要一定的道路条件，需要考虑路段的交通流、路段上的车道数等方面因素。

潮汐车道设置的道路条件包括：

1）机动车车道数双向为3车道及以上，流量较大的主干路的双向车道数不少于5条。

2）轻交通方向减少车道后通行能力能满足交通需求。

双向3车道是实行潮汐可变车道设置的最低条件，不排除在某些极端情况下在某些路段设置单向车道。对于交通量较大的城市干路，为了保证两个方向的交通顺畅运行，交通量较少方向也必须预留足够的车道数，因此选择设置可变车道的道路车道数也应尽量较多。

如果实行可变车道后轻交通流方向的交通变拥挤，那么这种可变车道的设置就存在问题，设置潮汐车道的目的是使两个方向的交通流达到合理的平衡，不能为了一个方向的交通而牺牲另一个方向的交通。

潮汐车道设置的交通量条件包括：

1）路段多次出现时段性、方向性的不均衡交通流。

2）交通量分布方向不均匀系数一般为 2/3，尽可能在 3/4 以上。

交通流的时段性以及方向性指经常性在一天中的某个时段，或者某一时刻，在一个方向上车流、人流大量涌入特定路段，导致这个时段的路面交通量达到或超过道路设计通行能力。此时，如果车流发生交通事故或者其他扰动，很容易造成交通拥堵的发生；而在另外的方向上由于车辆太少而无车通行，造成了道路空间资源的巨大浪费。

方向不均匀系数则反映了在一条路段的两个方向上交通流的不平衡性，方向不均匀系数越大，重交通流方向交通量越大。同理，方向不均匀系数越小，则轻交通流方向交通量越小。

当方向不均匀系数大于 2/3 甚至在 3/4 以上时，路段两个方向的交通量已处于严重不平衡状态，此时通过设置可变车道，将轻交通流方向的部分车道转换为重交通流方向车道。

城市主干路有下列情况时，不宜设置潮汐车道：

1）每千米沿线进出口超过 2 个，且难以控制车辆横穿道路行驶的路段。

2）下游疏散能力不足的。

3）路中设有公交专用车道的路段。

4）机动车车道数双向少于 3 条，或流量较大的主干路双向车道数少于 5 条的。

6.3.2 潮汐车道的设置方法及配套设施

在交通流潮汐变化的路段，可根据交通组织管理需求，单独分配一个车道作为潮汐车道，该车道中车辆行驶方向可随交通管理需要分时段变化，应使用潮汐车道标志、车道行驶方向信号控制设施，来配合实现车道行车方向随需要变化的功能。

对潮汐车道进行交通管制时，除了要完善潮汐车道内的交通标志、标线外，还应重点做好入出口段的交通组织和物理隔离，在车道方向变化前做好车道内清空工作。

1. 潮汐车道起终点设计

潮汐可变车道起终点的设置主要考虑该点交通量的流向变化。一般来说，由于在交叉口处部分车辆进行方向转变，导致下游道路路段交通流开始往某个方向的路段汇聚最终导致形成潮汐交通。因此，潮汐车道路段起终点的选择，一般设置在位于路段重交通流方向的上游接近于车流量开始增多的交叉口前的地方，如图 6-16 所示。

第 6 章 交通管控措施

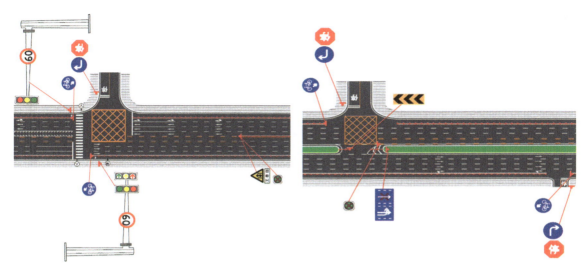

a）潮汐车道起点交通设施设置示意图　　　b）潮汐车道终点交通设施设置示意图

图 6-16　潮汐车道起终点交通设施设置示意图

2. 潮汐车道在交叉口的处理

潮汐车道对交叉口运行的影响主要体现在进口道车道功能划分上。由于设置了潮汐车道，导致交叉口进口道车道数发生了变化，驾驶人无法判断在交叉口哪些是左转车道，因此车道功能应进行相应调整。处理方法主要有两种：一是采取禁左管理，设置之前需对道路条件进行考察；二是进口道采用可变车道，与路段潮汐车道同步调整。

如图 6-17 所示，潮汐车道道路中央一般不应有中央分隔带或者路面电车轨道等。在交叉口处，潮汐车道应在结合进出口车道设置，合理设计车道导向方向，并用可变标志明确指示。在潮汐车道运行期间，所有交通管理设施表达的交通信息应保持一致，能够明确告知潮汐车道的通行方向。

3. 潮汐车道清空时间

清空时间必须合理设置。如果清空时间过短，会导致车辆未全部排空，进而可能引发车辆正面碰撞。如果清空设置时间过长，则会导致可变车道闲置，通行能力浪费，反

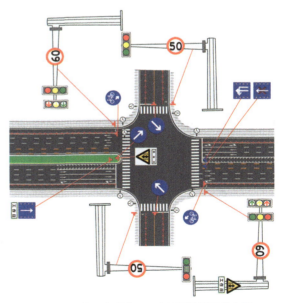

图 6-17　潮汐车道交叉口交通设施设置示意图

而达不到提高通行能力的目的。一般应保证在信号变化前上游交叉口进入可变车道的车辆在清空时间内可通过下游交叉口。

同时,潮汐车道应保持某一方向通行的时间不应少于30min。且在进行方向切换时,转换过渡时间应保证能够清空潮汐车道内所有的行驶车辆。

4. 潮汐车道横向干扰处理

设置潮汐车道的城市主干路上,其横向干扰主要来自于沿线交叉口和沿线开口。潮汐车道横向干扰处理方式包括:

1)与潮汐车道相交的横向道路上,应设置警告标志,告知驾驶人注意潮汐车道。

2)设置潮汐车道的路段出入口处,有行人过街需求的,应设置信号灯和人行横道标志及人行横道预告标志,并在地面施划人行横道线和禁停网格线。

如图6-18所示,设置潮汐车道的主干路沿线出入口的交通组织方式,包括右进右出控制和全开放出入口。右进右出控制的出入口,机动车交通只能右转汇入主路,在下一个交叉口或再下一个交叉口掉头或左转返回对向车道,行人与非机动车过街可采用路段斑马线的方式。全开放出入口应配套设置路段机动车信号灯和行人过街信号灯,规范出入口车辆与行人的通行秩序。

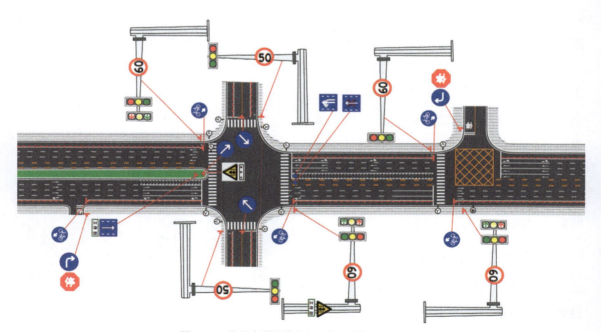

图6-18 潮汐车道沿线出入口交通设施设置示意图

潮汐车道路段标志标线系统包括潮汐车道标志、潮汐车道指示标线、车道信号灯及龙门架。

（1）潮汐车道标志

它用以警告车辆驾驶人注意前方为潮汐车道，设在潮汐车道路段起点前适当位置。

（2）潮汐车道指示标线

以两条黄色虚线并列组成的双黄虚线作为其指示标线，指示潮汐车道的位置，如图6-19所示。

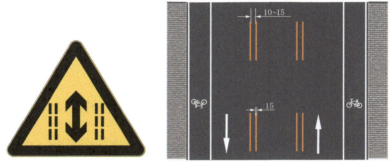

图6-19　潮汐车道路口标志标线示意图

（3）车道信号灯

表示禁止或可以通行的潮汐车道信号灯，一般设置在潮汐车道的入口、出口或者整条路段。车道信号灯应设置在所需控制车道中心线的正上方，不应侵入道路建筑限界内，如图6-20所示。

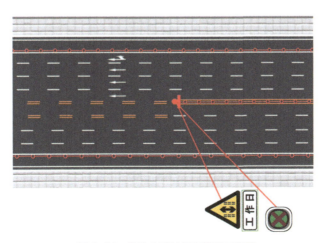

图6-20　潮汐车道信号灯设置示意图

（4）龙门架

设置在潮汐车道近路口处，用以搭载导向标志。由于潮汐车道长度一般不会太长，因此龙门架设置间距宜参考信号灯设置间距，如图 6-21 所示。

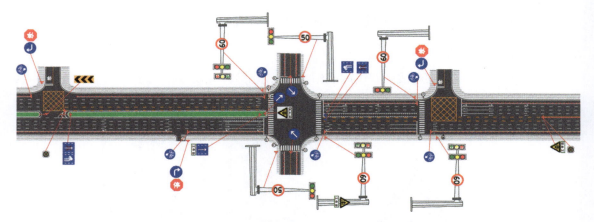

图 6-21　潮汐车道路段交通设施设置示意图

第7章 慢行交通组织

Chapter Seven

7.1 行人交通组织

7.1.1 路段行人交通组织基本要求

1. 人行道布局

国家标准 GB/T 51328—2018《城市综合交通体系规划标准》指出，步行交通是城市最基本的出行方式。除城市快速路主路外，城市快速路辅路及其他各级城市道路红线内，均应优先布置步行交通空间。城市主干路人行道布置要点包括如下内容。

1）城市主干路道路红线内应优先布置人行道，设置在靠近道路红线一侧。

2）人行道应畅通舒适、安全可达、环境友好，不宜中断或缩减人行道有效通行宽度。

3）人行道应设置无障碍设施，并应符合 GB 50763—2021《无障碍设计规范》的要求。

4）道路两侧的建筑退线空间可与人行道空间统筹考虑，并进行一体化处理。

根据《城市道路工程设计规范（2016版）》（CJJ 37—2012），车行道最外侧路缘石至道路红线范围为路侧带，包括人行道、绿化带和设施带，如图7-1所示。人行道是专供行人通行的部分，应满足行人通行的安全和顺畅。

但在现有城市道路中，路侧带的规划设计仅为3~5m宽，如在路侧带内需布置道路附属设施、市政设施、街道家具等各类设施（其最小净宽见表7-1），行人可通行的有效宽度已所剩不多。

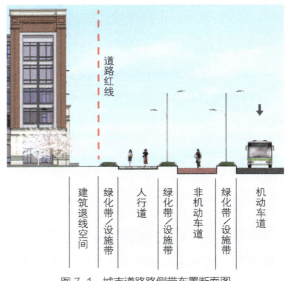

图7-1 城市道路路侧带布置断面图

表7-1　道路附属设施、市政设施和街道家具的最小净宽

(单位：m)

设施类型	护栏	路灯、垃圾箱、报刊栏、电子计时器、小型变电箱、电线杆、小型设备箱、指示牌	座椅、电话亭	设备箱、变电箱、检修井、非机动车停放设施	常规公交停靠站台	快速公交站台、人行天桥楼梯、人行地道出入口
宽度	0.25~0.5	0.5~1.0	1.0~1.5	1.5~2.0	2.0~2.5	3.0~6.0

为切实保障行人有效通行宽度，在人行道规划设计中应统筹考虑道路红线内外的空间，满足行人通行、停驻、非机动车停放、设施布置等功能需求，如图7-2所示。

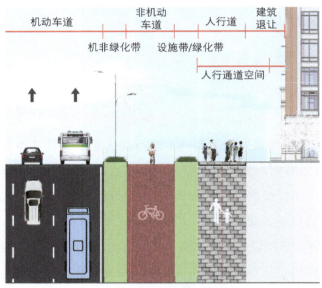

图7-2　人行道布置断面图

2. 人行道宽度

根据《城市道路工程设计规范（2016版）》（CJJ 37—2012）和GB/T 51439—2021《城市步行和自行车交通系统规划标准》，城市主干路人行道宽度应符合表7-2给出的要求。

表7-2　人行道宽度要求

(单位：m)

城市道路类型		一般值	最小值	有效通行宽度
主干路		4.0	3.0	2.5
特殊路段	学校、医院、商业等公共场所集中路段	5.0	4.0	3.0
	火车站、码头所在路段	5.0	4.0	3.0
	轨道车站出入口、长途汽车站、快速公交车站所在路段	4.0	3.0	2.5

城市主干路人行道有效通行宽度不宜小于 2.5m，特殊情况下，根据 GB 55011—2021《城市道路交通工程项目规范》，人行道有效通行宽度不应小于 1.5m。人行道有效宽度不足时可通过以下措施补充。

1）可适度缩减设施带、绿化带空间。

2）宜合用建筑退线空间。

3）对行道树池进行平整化处理并加装盖板。行道树池邻人行空间，并且不妨碍通行的宽度的，可计入人行道有效宽度。

7.1.2 人行过街交通组织策略

人行过街交通是城市道路交通中的重要组成部分，对整个交通系统的安全、有序和畅通有重要影响。行人在交通系统中相对弱势，实际出行中也存在过街难的问题，行人过街交通需要给予更多的关注。

为保障交通安全和畅通，行人过街交通宜通过交叉口组织，当交叉口间距较远、路段过街需求较大时，可设置行人过街设施。其中，城市主干路应以通过性交通功能为主，兼顾服务到达性交通流，应尽量减少干路横向过街设施设置对交通运行的干扰，确有必要设置人行过街设施时，应进行综合考量。过街设施间距应合理确定，以平衡行人过街和道路交通运行。既要减少行人到达过街设施平均步行距离，也要避免对道路交通的过多影响。

根据 GB 50688—2011（2019 年版）《城市道路交通设施设计规范》，主干路上人行过街设施的间距宜为 300~500m，设置间距和位置选择可根据道路沿线过街需求相应调整，在居住区、商业区等可适当加大设置密度。过街设施形式选择应注重平衡机动车通行和行人过街两方面的需求。

城市主干路行人过街和机动车通行难以平衡或交通安全隐患较大时，可通过增设交通信号灯控制行人过街，便于和路口信号灯实现联控。

7.1.3 人行过街交通组织方法及配套设施

行人过街应以平面过街方式为主，立体方式为辅，但在商业区、交通枢纽等人车密集地点，可结合建筑物内部人行通道设置连续的立体过街设施，形成地下或空中人行连廊。

1. 平面人行过街

城市主干路路段中不宜设置平面人行过街设施，确需设置时过街设施间距应满足相关规范要求，预留信号灯及管线安装条件，以便于实现行人过街信号灯的控制。

平面人行过街配套交通设施设置要点如下。

1）人行横道线宽度根据高峰小时设计行人流量确定。人行过街横道宽度不宜小于3m，宜采用1m为单位增减。

2）非信号灯控制的路段，人行横道线与停止线的距离宜为6m，信号灯控制的路段，人行横道线与停止线的距离宜为2m。

3）路段机动车道内可施划纵向减速标线、车道分道线边缘可间隔2m、4m、8m设置反光道钉，停车线前施划"车让人"地面文字，如图7-3所示。

4）人行横道两端适当位置设置人行横道标志，并面向来车方向，与人行横道线同时使用。设置了信号灯的路段，可以不设该标志，根据需要可以提前设置"注意行人"的警告标志，如图7-3所示。

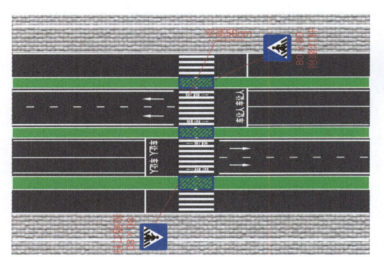
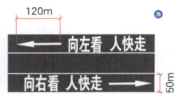

图7-3 路段过街配套设施设置示意图

已施划人行横道的路段，符合下列条件之一时，应设置人行横道信号灯和相应的机动车信号灯。

1）路段交通流量条件。

①路段机动车和行人高峰小时流量超过表7-3所规定数值时。

②路段任意连续8h的机动车和行人平均小时流量超过表7-4所规定数值时。

表7-3 路段机动车和行人高峰小时流量

路段双向车道数/条	路段机动车高峰小时流量/（pcu/h）	行人高峰小时流量/（人次/h）
<3	600	460
	750	390
	1050	300

（续）

路段双向车道数/条	路段机动车高峰小时流量/（pcu/h）	行人高峰小时流量/（人次/h）
≥3	750	500
	900	440
	1250	320

表 7-4　路段任意连续 8h 的机动车和行人平均小时流量

路段双向车道数/条	任意连续 8h 的机动车平均小时流量/（pcu/h）	任意连续 8h 的行人平均小时流量/（人次/h）
<3	520	45
	270	90
≥3	670	45
	370	90

2）学校、幼儿园、医院、养老院周边的人行横道。

3）三年内平均每年发生 5 次以上行人交通事故，或三年内平均每年发生 1 次以上行人死亡交通事故的路段。

4）经过交通安全评估，存在过街安全风险的路段。

人行横道信号灯应安装在人行横道两端内沿或外沿线的延长线、距路缘的距离为 0.8~2m 的人行道上，采取对向灯安装。设置行人二次过街安全岛时，宜在安全岛上增设人行横道信号灯，信号灯宜单面对向安装，与人行道上的人行横道信号灯同方位设置，具体设置要求见 GB 14886—2016《道路交通信号灯设置与安装规范》。

2. 平面人行二次过街

根据 GB/T 51439—2021《城市步行和自行车交通系统规划标准》，当穿越车行道的人行横道长度大于 16m 时，应在分隔带或道路中心线附近的人行横道处设置行人二次过街安全岛，如图 7-4 所示。

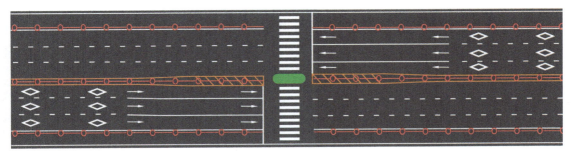

图 7-4　中心线处设置安全岛示意图

1)过街安全岛的设置应符合以下规定。

① 过街安全岛宽度不应小于2.0m,有非机动车使用时宽度不应小于2.5m。

② 过街安全岛面积应满足行人驻足要求,可根据行人过街流量,按排队密度2人/m^2计算安全岛面积。

③ 过街安全岛宜采用垂直式。当采用倾斜式或栏杆诱导式时,应使行人通过方向面向机动车驶来方向,如图7-5所示。

④ 无中央分隔带的道路可采用局部缩窄机动车道宽度、缩窄两侧机非隔离带宽度等方法设置过街安全岛,并应在过街安全岛两端设置防护设施,在来车方向与安全岛之间设置安全渐变段,并设置相应标志标线。

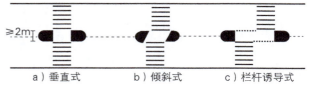

图7-5 过街安全岛类型

⑤ 在中央绿化分隔带设置过街安全岛时,应严格保障安全视距,过街安全岛两端的绿化宜为地被植物。

2)当道路中央有中央分隔带,且分隔带宽度大于等于3m时,或分隔带设有桥墩或其他遮挡驾驶人视线的构筑物时,路段人行横道线宜设置成"Z"字形,如图7-6、图7-7所示,使行人通过方向面向机动车驶来方向,且最小通行宽度不应小于2m。

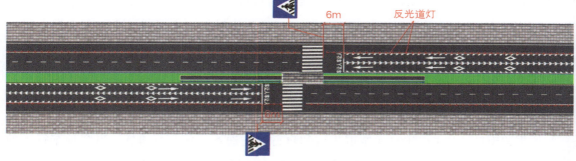

图7-6 路段人行横道线"Z"字形设置平面布局示意

3. 立体过街

城市主干路应以平面过街方式为主,立体方式为辅。满足下列条件时,可设置立体过街设施。

1)大型综合商业建筑、轨道站点、快速公交车站、交通枢纽场站、大型文体场馆、学校等高密度人流集散点附近,宜结合附近建筑设置立体过街设施。

图7-7 路段人行横道线"Z"字形设置示例

2）曾经发生或评估后可能发生重、特大道路交通事故的地点，在分析事故成因基础上，经论证后确有必要设置立体过街的地点，应设置立体过街设施。

立体过街设施主要包括人行天桥和人行地道。人行天桥和人行地道不应占用人行道空间，若条件受限占用人行道，应局部拓宽人行道，保持人行道原有宽度。条件受限时，应保证保留原有人行道40%的宽度，且不得小于3m。

为了确保立体设施的有效利用，布设立体过街设施时宜设置电梯，如图7-8所示，并满足无障碍通行的要求。同一地点的立体过街设施与平面过街设施的过街用时比不宜大于1.5∶1。

立体过街设施的地面梯道（坡道）出入口附近一定范围内，为引导行人经由立体过街设施过街，应设置导向护栏。立体过街设施的地面梯道（坡道）出入口及分叉口处应设置醒目的导向标志。

图7-8 宁波市柳汀街第一医院路段处人行天桥

4. 智慧人行横道

智慧人行横道俗称智慧斑马线，该系统是利用摄像头、雷达等行人检测技术，及4G等数据传输技术，实现行人感知与红绿灯和智慧斑马线联动控制，提高行人过街安全性。智慧斑马线实现途径主要是以视频、红外对射、雷达为检测手段，通过布设发声设备及铺设发光地砖、发光道钉、高亮度灯带或安装发光提示牌等（图7-9、图7-10）进行声光警示，提醒过往机动车减速让行，保障过街行人和非机动车安全。

图7-9 斑马线前发光灯带

图7-10 斑马线前道钉

有信号灯控制的人行横道，系统可辅以信号灯状态检测设备，发光发声设备及内容与信号灯状态相匹配；或直接将行人灯更换为集信号显示、行人检测、警示、抓拍等多种功能的智能一体行人灯。

智慧人行横道线一般有下列三种设置方式。

（1）同步信号设置

1）设置发光灯带或道钉。在路缘石侧安装高亮度灯带或道钉，发光颜色与行人信号灯状态相对应，该方式可将信号灯信息及时传达给"低头族"行人，方便行人过街，但无法对驾驶人起到警示作用。

2）设置行人过街警示柱。行人过街警示柱（图7-11）检测到信号灯的信号后，发光单元会匹配对应灯色、柱体上显示相应的文字，同时进行语音提醒，用多种形式告知行人交通控制信息。通过红外对射信号，可检测到是否有行人意图闯红灯，检测到该行为时将发出声音警示。

图7-11　行人过街警示柱

（2）感知行人设置：雷达检测、发光警示

通过雷达检测人行横道上行人通行状况，在斑马线两端铺设发光"地砖"或道钉（图7-12），当行人过街时，斑马线两端的地砖或道钉开始发光警示，对行人和机动车驾驶人均有警示作用。

（3）感知升级配置：视频检测、显示屏广播等提醒、发光警示

此系统主要硬件组成为高清摄像机、显示屏或广播语音提示设备、发光标志牌、发光道

图7-12　智慧斑马线实景

钉或地砖。系统通过高清摄像机捕获现场图像，通过视频分析技术识别、分析、跟踪视频中机动车及行人，当检测到行人通过斑马线时，语音提醒、发光设备分别从听觉、视觉角度，对行人和机动车驾驶人进行提醒。

7.2 非机动车交通组织

7.2.1 非机动车交通组织基本条件

1. 非机动车道布置

国家标准 GB/T 51328—2018《城市综合交通体系规划标准》指出，非机动车交通是城市中、短距离出行的重要方式，是接驳公共交通的主要方式，并承担物流末端配送的重要功能。在道路空间分配时应体现以人为本、绿色交通优先的原则，城市主干路非机动车道布置要点如下：

1）适宜非机动车骑行的城市片区，主干路两侧均应设置连续的非机动车道，非机动车道应设置在机动车道与人行道之间。

2）非机动车交通应安全、连续、舒适，不宜中断或缩减非机动车道的有效通行宽度，既有道路不得通过挤占非机动车道方式拓宽机动车道，已挤占的应恢复原宽度。

3）根据 GB 55011—2021《城市道路交通工程项目规范》，设计速度大于 40km/h 的道路，非机动车道与机动车道之间应设置物理隔离设施。

4）非机动车道与人行道直接相邻时，应避免非机动车道与人行道布置于同一平面，应从标高、铺装等方面进行空间区分，路缘石高差宜为 15cm，且采用不同颜色路面铺装。

5）非机动车道路线应避免出现急弯、转折，如无法避免，应设置 15m 以上的渐变段。

2. 非机动车道宽度

非机动车道宽度的保障对提高非机动车骑行舒适性和安全性极为重要，《城市道路工程设计规范》(CJJ37—2012，2016 年版）规定，单条非机动车道宽度要求见表 7-5。

表 7-5 单条非机动车道宽度

车辆种类	自行车	三轮车
非机动车道宽度 /m	1.0	2.0

非机动车道宽度应按单条自行车通行宽度的整数倍计算，并考虑两侧各 0.25m 侧向净空宽度，非机动车道和非机动车专用道最小宽度应符合表 7-6 的规定。

表 7-6 非机动车道宽度

项目		非机动车道宽度 /m	
		一般值	最小值
主干路非机动车道		4.5	3.5
改建道路非机动车道		2.5	2.5
非机动车专用道	双向	4.5	3.5
	单向	3.5	2.5

非机动车道宽度较宽、道路通行条件较好时，路段上可将非机动车道划分为电动自行车专用道和普通自行车专用道，降低不同行驶速度车辆间相互影响，提高非机动车行驶安全和效率。

交叉口范围内的非机动车道宽度，不得小于路段上的非机动车道宽度。在条件允许的情况下，可适当拓宽交叉口非机动车进口道宽度，以提高交叉口非机动车通行能力。为保证交叉口非机动车有序通行，可根据车道宽度开展进口道渠化设计。非机动车道进口道宽度为 2.5~3m（不含）时，非机动车道不做渠化设计；进口道宽度为 3~4.5m（不含）时，车道宜渠化为"直左 + 右转"；进口道宽度大于等于 4.5m 时，车道宜渠化为"左转 + 直行 + 右转"。非机动车道分道线长度宜为 10~20m。

根据 GB 55011—2021《城市道路交通工程项目规范》，设计速度大于 40km/h 的道路，非机动车道与机动车道之间应设置物理隔离设施，可包括绿化带、隔离栏、隔离桩等。为保障非机动车通行路权和安全，非机动车道和机动车道之间的隔离形式和宽度要求如下。

1）主干路的机动车道与非机动车道之间应优先采用绿化带隔离。主干路采用机非共板设计时，应采用隔离护栏分隔机非交通。

2）机动车道和非机动车道为共板断面，且非机动车道宽度大于或等于 1.5m 以上的路段，当非机动车流量较大时，宜设置机非隔离栏。

3）在重点保障非机动车通行的路段，宜设置机非隔离栏。

4）设置机非隔离栏时，隔离栏应紧邻车行道边缘线（机非分界线）外侧设置，隔离栏底座不应侵入机动车道，且覆盖车行道边缘线，隔离栏安装净高不应小于 0.4m，如图 7-13 所示。

5）设置机非隔离栏，应在端部和中间段来车方向加装反光警示装置，中间段加装反光警示装置间距小于或等于 6m。

6）在隔离栏易被机动车冲撞路段，隔离护栏可间断设置，两段护栏之间设置警示柱隔离，方便损毁护栏的养护及更换，如图 7-14 所示。同理，在易发生交通事故的路段，为便于借非机动车道疏散交通，隔离护栏也可间断设置，间距一般可为 5~8m，中间可设置弹性警示柱隔离机非交通。

图 7-13　隔离护栏设置要求

图 7-14　护栏间断设置方式

7.2.2　非机动车交通组织方法及配套设施

1. 交叉口非机动车交通组织

交叉口非机动车直行过街，宜采用与行人过街相同的交通组织方式，宜分别设置非机动车过街通道和人行横道，避免行人和非机动车相互干扰，提高过街效率。

交叉口左转非机动车过街一般采用以下两种形式。

1）左转二次过街，非机动车与行人以相同方式过街，左转非机动车通过两次直行实现左转，交叉口内需设置禁止非机动车左转及非机动车二次过街引导标志，地面施划非机动车道标线。

2）左转非机动车同左转机动车同方式过街，前提是交叉口设有机动车左转专用相位，该种方式需确保非机动车交叉口内通行空间，确保非机动车通行安全，避免和左转机动车之间相互干扰。

对于机动车和非机动车混行的交叉口，非机动车可与机动车一体化信号控制，且绿灯间隔时间应满足交叉口内非机动车安全清空的要求。

交叉口根据非机动车交通组织需求设置非机动车信号灯，非机动车左转二次过街时，设置一组非机动车信号灯，配套设置禁止非机动车左转及非机动车二次过街引导标志，需控制左转非机动车时，应增设一组左转非机动车信号灯。

交叉口非机动车通行方式、等候区等的详细设计，可参照机械工业出版社出版的《城市道路平面交叉口渠化设计手册》中的相关内容。

2. 桥梁隧道机非交织段交通组织

在进出桥梁、隧道段，存在非机动车和机动车交织明显的情况，需明确机动车和非机动车各自通行权，确保安全。宜采用彩色防滑涂料铺装明确非机动车行驶轨迹和方向，如图 7-15、图 7-16 所示，并警示机动车减速让行，设置形式应采用"彩色铺装 + 非机动车行驶标识"的方式，彩色铺装在路缘石切点外延长 5m，分合流端设置非机动车行驶标识，机非冲突处增设非机动车行驶标识，同时配套设置非机动车行驶标志、减速让行标志等，明确各自通行路权。

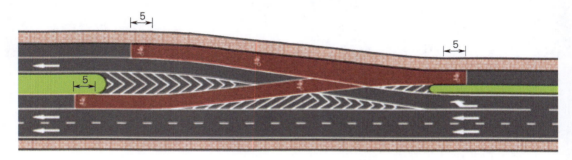

图 7-15　桥梁、隧道分流段彩铺示意图

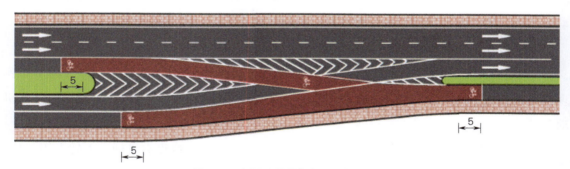

图 7-16　桥梁、隧道合流段彩铺示意图

3. 与公交停靠站衔接

非机动车道宜设置在公交停靠站外侧，且应在非机动车道设置人行横道线和停车线，人行横道线对应人行道两侧 5m 范围内不应设置非机动车停车位等影响行人通行的设施。同时可采用彩色路面、减速标线、稳静坡道等措施实现非机动车减速。

根据《上海街道设计导则》，非机动车流量较大的道路设置路侧式公交站台时，宜在非机动车道左侧设置较宽的岛式站台，如图 7-17 所示。岛式站台应满足设置候车亭及乘客候车和上下车的空间需求，宽度一般不小于 1.5m。人行道与岛式站台之间的非机动车道可通过划示斑马线、特殊铺装、抬高等方式，提示非机动车避让行人。

图 7-17 非机动车与公交站衔接示意图

非机动车流量较小的道路设置公交站台时，可采用直接路边停靠方式或非机动车借用人行道绕行。应通过地面铺装和划示，明确公交车停靠位置，提示非机动车避让，避免非机动车与行人相互干扰。

4. 路段出入口衔接

道路沿线机动车出入口位置，非机动车道宜保持连续性。出入口位置非机动车道可通过地面颜色铺装，如图 7-18 所示，并设置非机动车标识，明确非机动车通行路权、强化非机动车道连续性，提示机动车驾驶人减速让行。

图 7-18 机动车出入口位置非机动车道彩色铺装

出入口处应设置减速带、停车让行或减速让行标志等相关交通安全设施。出入口视距三角区应满足相关规范要求，视距三角形范围内绿化种植应采用通透式配置，行道树应选择分枝点高的乔木，间距不得小于 6m。

第 8 章 重点车辆通行组织

Chapter Eight

8.1 货车通行组织

8.1.1 市区货运通道选取

根据货运交通行驶路径与城市中心城区相对位置的关系分类,可以将城市货运交通分为过境货运交通、出入境货运交通和市内货运交通三种类型。在当前大部分城市都进行货运管制的过程中,货车通行组织重点考虑的内容之一,是市区内部货运通道的选取。

(1) 市区内部货运通道的选取原则

1) 设置货运通道的城市主干路道路断面不宜低于双向 6 车道。

2) 沿线有住宅、商业、医院、学校等建筑的城市主干路,不宜设置为货运通道。

3) 设置货运通道的主干路单侧道路断面不宜小于 11m,最低不应小于 10m。

4) 设置货运通道的主干路,其机非隔离形式宜采用绿化带隔离。

(2) 市区内部货运通道的选取方法

1) 货车通行组织的前期调研,主要包括四个部分:

①路网及现状道路情况调研。

②道路交通流量情况调研。

③市区内部企业分布及货运需求情况调研。

④企业机动车出入口特别是货运车辆出入口布设情况调研。

2) 在前期调研的基础上,明确货运交通的管制区域、管制对象、管制时间。

3) 确定货运通道及通道上的货车通行时间。

8.1.2 货车通行定道管理

货车定道通行，表示货车应在道路指定车道上通行，其他车辆也可以在该车道上通行。货车定道行驶标志应设在指定货车行驶车道道路的起点和交叉口的出口道处。有时段、车种、车型特殊规定时，应用辅助标志说明（图8-1）。

货车交通量较大的、对其他车辆正常行驶造成干扰的城市主干路路段应设置货车定道通行标志，如货车出入频繁的施工路段、工厂集聚区等。

货车定道通行标志的设置，应遵循交通流线顺畅、对其他交通流干扰最小的原则。

在货车比例较高的主干路路段起点、交叉口处，还可以设置货车靠右行驶标志，提醒货车除必要的超车行为外，应靠右侧车道行驶，如图8-2所示。

图8-1 货车定道行驶标志　　　图8-2 靠右行驶标志示例

8.1.3 速度管理

大中型货车体积和重量较大，相较于其他类型车辆，在行驶过程中容易造成交通危险。对货车进行限速管理，不但可以减少货车造成的交通事故，保障道路安全，还可以保护道路的完整性，延长道路使用寿命。此外，货车在行驶过程中会造成噪声和污染，限速可以减少这些影响，保护环境健康。

货车限速值一般宜低于道路正常限速值10~20km/h，配合特定通行线路、定道管理等措施，可以极大地缓解道路交通安全问题，保证道路通行秩序。

8.1.4 右转保护

如图8-3、图8-4所示，右转保护设计，是通过将非机动车等候区前移，缩小右转车辆半径，减少路口右转"内轮差"事故隐患的交通组织方式。这种设计方式能避免行人和非机动车在货车右转时发生危险。

根据《城市道路交叉口设计规程》（CJJ 152—2010）第4.3.2条，右转弯设计车速20km/h时，非机动车道路缘石半径为15m；设计车速为25km/h时，半径为20m。因此，路口右转车辆以小车为主的道路外缘线半径不宜大于15m，大、小车混行的道路外缘线半径不宜大于20m。

右转保护带宜采用绿化带形式，保护带宽度不应小于1.5m，安装非机动车灯或其余标志牌时，不应侵入道路建筑限界。

采用右转保护设计的路口，等候区内宜进行涂装。外缘隔离带宜结合城市道路景观品质要求，采用具备一定防撞保护能力的刚性设施隔离右转车辆与慢行交通，条件受限采用弹性交通柱等柔性隔离设施时，应选用可便捷更换、维护的材料或工艺。

图 8-3　路口右转保护示例（一）

图 8-4　路口右转保护示例（二）

8.2 » 工程车通行组织

本节主要介绍渣土场周边交通组织、工地周边道路交通组织、速度控制、临时交通安全设施布设原则等内容。

工程车是指从事建筑渣土、建筑砂石、散装水泥、预拌混凝土等建筑材料（渣土）运输的货运机动车辆的总称，俗称渣土车、砂石车、混凝土车，主要车型有重（中）型自卸货车、重型专项作业车、重型特殊结构货车等。图 8-5 所示为某矿场开采过程中工程车进出示意。

8.2.1　渣土场周边交通组织

渣土场往往是工程车集中的区域，需要结合工程实际情况，考虑渣土出渣强度大，合理规划进出道路，科学安排出渣线路及空车返回线路。如现场条件允许，可修建工程车专用通道，如图 8-6 所示，以供工程车通过专用通道与外部道路相衔接，避免对外部市政道路产生很大的干扰。

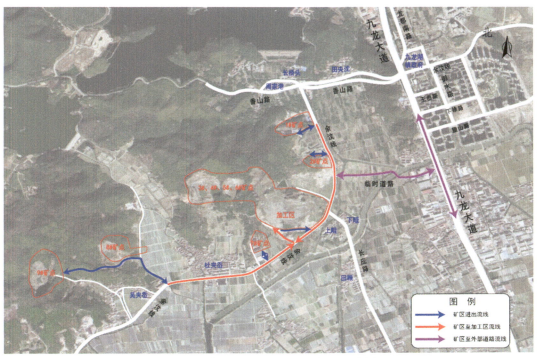

图 8-5 某矿场开采过程中工程车进出示意图

图 8-6 某渣土码头工程车进出示意图

8.2.2 工地周边道路交通组织

工地开发过程中，往往离不开工程车的进出，特别是地块开挖以及浇筑过程中大量的工程车进出，对周边道路产生较大的影响，如何做好工地周边道路交通组织显得尤为重要，而工地周边道路交通组织最为重要的是进出口的设置，如图 8-7、图 8-8 所示，工地临时道口开设一般需要满足如下条件：

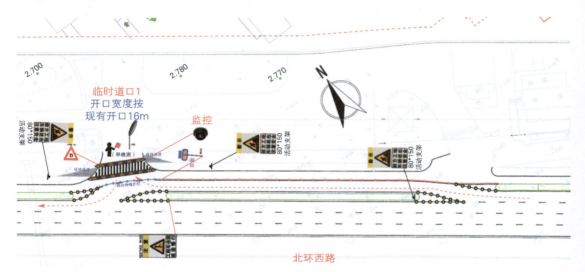

图 8-7 某工地开口设置示意图（一）

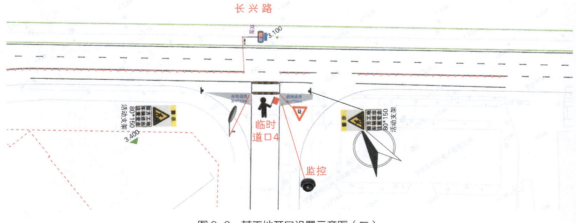

图 8-8 某工地开口设置示意图（二）

1）该临时道口为施工车辆进出临时开口，使用结束后关闭。

2）施工临时开口应设置减速带、爆闪灯、让行标志、警示喇叭等安全设施，并保证损坏及时修复更换，设置开口提示标志，为行人、非机动车及逆向行人提醒，设置道口监控，并应接入公安交管管控平台。

3）出口应当安排交通协管人员（需每天安排早晚班）管理车辆进出。

4）禁止在开口前道路范围停放车辆、堆放杂物，并保证门前道路干净、干燥，保证 3m×10m 的视线通透区域。

8.2.3 定道管理

工程车定道通行需要考虑一定的道路条件。因工程车体积大，要保证设置工程车定道的车道宽度不小于 3.5m，若道路未设置公交专用车道或公交优先车道，单向车道数不小于 2 条；若道路设置公交专用道或公交优先道，单向车道数不小于 3 条。

1. 工程车车道设置方案

根据道路断面、车道布置、公交专用车道设置情况等，明确路段工程车指定车道设置方案，主要考量公交车与非机动车的通行安全，因此城市干路工程车定道设置基本原则主要有以下 5 类情况。

1）出口道设有机非绿化带，且设有公交专用道的三车道路面，以不影响公共交通运行为前提，工程车车道设置在左侧第一车道。

2）出口道设有机非绿化带，但未设置公交专用道的三车道路面，工程车车道设置在靠近机非绿化带的第一车道。

3）出口道设有机非隔离栏，但未设置公交专用道的三车道路面，以保证非机动车通行安全为前提，工程车车道设置在中间车道。

4）出口道设有机非隔离栏，但未设置公交专用道的两车道路面，工程车车道视情况可设置在靠近机非绿化带的第一车道。需要注意的是，出口双车道不推荐使用工程车定道行驶。

5）出口道设有机非绿化带，且设有公交专用道的四车道渐变为路段三车道路面，以不影响公共交通运行为前提，工程车车道设置在左侧第一车道。

2. 道路横断面

以下是几种路段工程车定道的相关道路横断面布置图。

1）设有公交专用道的路段，工程车指定车道应设置在路段 3 车道的第 1 车道，具体设置位置如图 8-9 所示。

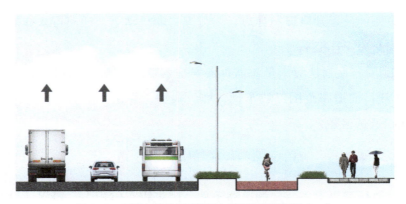

图 8-9　工程车路段交通组织车道设置标准断面（一）

2）无机非绿化带且无公交专用道的，工程车指定车道应设置在路段 3 车道的第 2 车道，具体设置位置如图 8-10 所示。

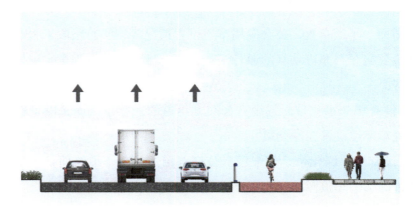

图 8-10　工程车路段交通组织车道设置标准断面（二）

3）设有机非绿化带且无公交专用道的，工程车指定车道应设置在路段 3 车道的第 3 车道，具体设置位置如图 8-11 所示。

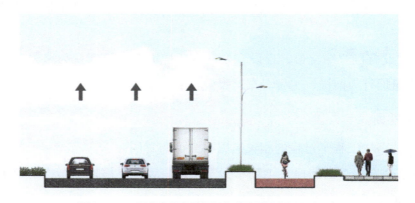

图 8-11　工程车路段交通组织车道设置标准断面（三）

主干路路段上的配套标志主要是工程车定道通行的警告标志,用于提醒工程车按规定车道行驶,如图 8-12 所示。

路段工程车定道交通设施设置,如图 8-13 所示。

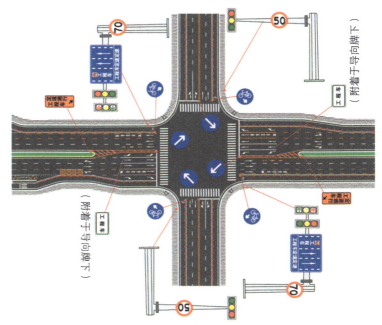

图 8-12 路段工程车定道行驶配套标志　　图 8-13 路段工程车定道交通设施设置

设置工程车定道的城市主干路,交叉口出口道明确工程车车道时,应设置定道定速标志明确车道行驶权,可视实际情况悬挂于信号灯横臂杆。交叉口进口道明确工程车车道时应设置辅助标志,辅助标志附着于导向牌对应的工程车车道下方。可在指定车道的路面写上"工程车"三个地面文字,如图 8-14 所示。

a) 工程车定道定速标志　　b) 工程车辅助标志　　c) 工程车地面文字

图 8-14 交叉口工程车定道行驶配套标志和文字

路口进出口道的工程车指定车道设置原则为与路段匹配,应尽量避免工程车指定车道不连续导致工程车需要在路口范围内变道的情况。此外,还应根据工程车实际的行驶方向需求,同一方向有多条导向车道的,选取其中 1 条作为工程车指定通行车道,同一方向仅有 1 条导向车道的，工程车在既有车道进行通行。

在路口车道数不够，或已无法满足社会车辆实际使用需求的路口，工程车指定车道应在路口渠化段外中断，并配套工程车指定车道终点指示标志，如图 8-15 所示。

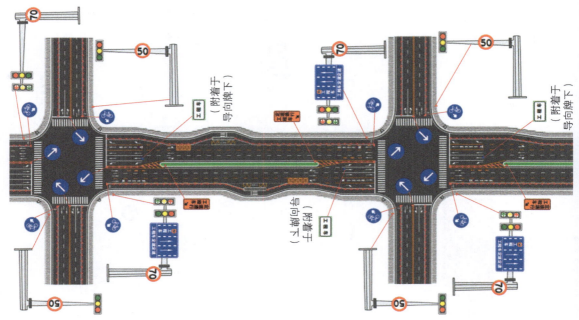

图 8-15　交叉口工程车定道交通设施设置

8.2.4　工程车速度管理

工程车体积和重量较大，相较于其他类型车辆，在行驶过程中容易造成交通危险。对工程车进行限速管理，不但可以减少工程车造成的交通事故，保障道路安全，还可以保护道路的完整性，延长道路使用寿命。此外，工程车在行驶过程中会造成噪声和污染，限速可以减少这些影响，保护环境健康。

工程车限速值一般宜低于道路正常限速值 10~20km/h，配合特定通行线路、定道管理等措施，可以极大地缓解道路交通安全问题，保证道路通行秩序。工程车专用限速标志如图 8-16 所示。

图 8-16　工程车专用限速标志

8.3　公交专用车道交通组织

8.3.1　公交专用车道设置条件

根据我国行业标准 GA/T 507—2004《公交专用车道设置》中的相关规定，相关道路设置公交专用车道的条件如下。

1. 应设置条件

城市主干路满足下列全部条件时，应设置公交专用车道。

1）路段单向机动车道 3 车道以上（含 3 车道），或单向机动车道路幅总宽不小于 11m。

2）路段单向公交客运量大于 6000 人次 / 高峰小时，或公交车流量大于 150 辆 / 高峰小时。

3）路段平均每车道断面流量大于 500 辆 / 高峰小时。

2. 宜设置条件

城市主干路满足下列条件之一时宜设置公交专用车道。

1）路段单向机动车道 4 车道以上（含 4 车道），断面单向公交车流量大于 90 辆 / 高峰小时。

2）路段单向机动车道 3 车道，单向公交客运量大于 4000 人次 / 高峰小时，且公交车流量大于 100 辆 / 高峰小时。

3）路段单向机动车道 2 车道，单向公交客运量大于 6000 人次 / 高峰小时，且公交车流量大于 150 辆 / 高峰小时。

在实际工作中，拟设置公交专用车道的道路车道数，应具备不低于双向 4 车道的条件。

有公交线路的主干路且经常发生交通拥堵的路段，应设置公交专用车道。公交专用车道宽度宜为 3.5m。

8.3.2 公交专用车道设置方式

公交专用车道分为沿路外侧机动车道设置的公交专用车道、沿路内侧机动车道设置的公交专用车道，以及沿路中间机动车道设置的公交专用车道三类。其中，沿路中间机动车道设置的公交专用车道较少使用。

采用路外侧式时沿线出入口与公交专用车道交织区域应设置黄色网状线；采用路中式时，应考虑乘客过街交通的组织可采用立体过街通道、与上下游的交叉口的行人过街设施衔接等方式。公交专用车道不宜设置隔离设施进行封闭，根据通行情况可设定公交专用车道的专用时段。

1. 设置方式

下面分别介绍一下三种公交专用车道的设置方式。

（1）沿路外侧机动车道设置的公交专用车道

沿路外侧机动车道设置的公交专用车道，是指将公交专用车道设置于机动车道行驶方向的最右侧，亦称为"外侧式"公交专用车道，如图8-17所示。

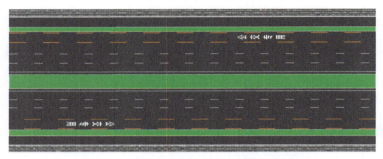

图8-17 沿路外侧机动车道设置的公交专用车道

（2）沿路内侧机动车道设置的公交专用车道

沿路内侧机动车道设置的公交专用车道，是指将公交专用车道设置在机动车道行驶方向的最左侧，亦称为"内侧式"公交专用车道，如图8-18所示。

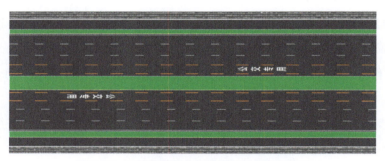

图8-18 沿路内侧机动车道设置的公交专用车道

（3）沿路中间机动车道设置的公交专用车道

沿路中间机动车道设置的公交专用车道，是指将公交专用车道设置于机动车道行驶方向的中间车道上，亦称为"中间式"公交专用车道，如图8-19所示。

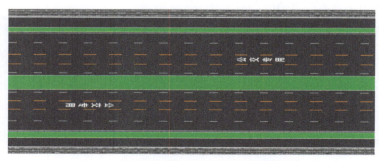

图8-19 沿路中间机动车道设置的公交专用车道

2. 进口道处理方式

公交专用车道在进口道的处理方式主要有以下三种类型。

（1）公交专用车道在进口道处取消

当转向的公交车流量较大，且进口道渠化条件受限，无法渠化出足够的进口车道时，可在进口道处取消公交专用车道，如图 8-20 所示，具体设置为在公交专用车道上靠近交叉口处划定一个交织段，长度要求大于 40m，允许右转社会车辆驶入。

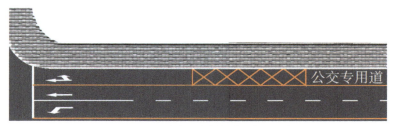

图 8-20　公交专用车道在进口道处取消

（2）公交专用车道设置于右转车道左侧

当右转社会车辆较多，且靠近交叉口处可以满足设置交织段长度要求的情况下，将公交专用车道设置在右侧第二条进口道，交织段长度需大于 40m，如图 8-21 所示。此时，进口道公交专用车道的长度需保证公交车辆排队时不至于排至交织段，否则，不宜采用该种设置形式。

图 8-21　公交专用车道设置于右转车道左侧

（3）公交专用车道设置于右转车道右侧

当右转社会车辆较多，且靠近交叉口处公交车辆排队长度较长的情况下，宜将公交专用车道设置在右转车道右侧，如图 8-22 所示，并设置右转专用信号相位。

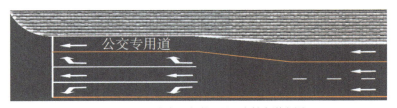

图 8-22　公交专用车道设置于右转车道右侧

3. 保障措施

在进行公交专用车道的设置时，需保证公交专用车道 3.5m 宽的车道宽度。为保证公交车辆的专用通行空间，在设置时可采用路面划线隔离、硬质分离、彩色路面隔离等方式。具体内容如下。

（1）路面划线隔离

路面划线隔离是指通过施划公交专用车道线的形式，区分公交专用车道与一般社会车辆车道。

公交专用车道线由黄色虚线及白色文字组成，表示除公交车外，其他车辆及行人不得进入该车道。标写的文字为"公交专用"，沿车辆行进方向竖向排列，如该车道为分时专用车道，可在文字下加标公交车专用的时间。

公交专用车道线从起点开始施划，每经过一个交叉口重复出现一次字符。如果交叉口间隔距离较长，也可在中间适当地点增加施划字符。公交专用车道线应与公交专用车道标志配合设置，如图 8-23 所示。

a）公交专用车道标线　　　　　　b）公交专用车道标志

图 8-23　公交专用车道标志和标线示例

路面划线隔离具有工程投资量较小，实施简单，改造也容易，并便于公交车辆进出专用车道的优点，在实际工程中使用较多。但同时路面划线隔离的方式也存在公交专用车道容易被社会车辆占用的缺点。

路面划线隔离的保障措施，适用于需要进出专用车道进行停靠或转向行驶的公交车较多，且路段社会车道饱和度较低的情况。

（2）硬质分离

硬质分离的方式是指在专用道与其他车道之间用硬质设施强行隔离。常用的物理隔离的方式有：侧石、道钉、隔离栏、绿化带等。

硬质分离对阻止其他交通方式进入公交专用车道有着良好的隔离作用，能较好地保证专用车道的实施效果。但硬质分离不方便公交车辆进出专用道，也不利于非公交专用时段内社会车辆进入专用道。针对这一缺陷，可以在硬质隔离设施上每隔一段距离设置一个开口，使公交车辆能够在紧急情况下离开专用道，保证行车的畅通。如图 8-24 所示为公交专用车道硬质分离示例。

图 8-24　公交专用车道硬质分离示例

使用硬质设施分离的公交专用车道，只能适用于道路饱和度比较低，且全天供公交车专用的公交专用车道。对于路外侧和路内侧的公交专用车道，可以用隔离栏、带路缘石的绿化带等不可穿越的隔离设施；对于路中间的专用道，可以采用道钉等可穿越的隔离设施。

（3）彩色路面隔离

为增强公共汽车专用道的视认性，可以把公共汽车专用道路面用规定的某种颜色划出，与一般车道形成反差，以利于驾驶人辨认。彩色路面颜色一般采用红色或绿色，车道边界的标线可用白色或黄色。图 8-25 所示为彩色路面隔离方式示例。

图 8-25　彩色路面隔离方式示例

彩色路面隔离的方式与路面划线隔离的方式类似，适用于需要进出专用车道进行停靠，或转向行驶的公交车较多且路段社会车道饱和度较低的情况。

8.4 多乘员专用道交通组织

8.4.1 多乘员专用道设置条件

多乘员车辆专用通道，是指只供多乘员的车辆行驶，驶入此车道的车辆车上必须有2名及以上乘员（含驾驶人），单人单车禁止通行。

多乘员车辆专用通道源于欧美，它对于出行结构和道路资源分配的优化、减少空驶车辆对道路资源的占用，以及实现共乘出行与绿色出行具有积极意义。"合乘出行"，体现了对分享经济的鼓励，为提高人车路协同使用效率、促进交通供需动态平衡、优化交通出行方式，提供了新的解决之道。

路段单向车道数在3条及以上，道路交通流量大，较易发生拥堵，高峰期单位时间内空载车辆（不含驾驶人）交通量与总交通量之比超过70%的道路，可设置多乘员专用车道。

8.4.2 多乘员专用道设置方式

多乘员车道应配套设置多乘员专用车道标志和标线，并在多乘员专用车道标志和地面上标明乘员人数。

当多乘员车道有时间限制时应使用标志说明，同时宜在路面用标线标识。多乘员车道实施前宜设置过渡期，并通过媒体向广大交通参与者进行宣传。

多乘员专用车道标志（图8-26）设置在该车道的起点及交叉口的入口处，宜设置在车道的正上方。人数规定在标志右上角表示，有时段、车种规定时，应用辅助标志说明。多乘员专用车道标志应与多乘员专用车道标线配合使用。

图8-26 多乘员专用车道标志示例

多乘员车辆专用车道线（图 8-27）应由白色虚线和白色文字组成；白色虚线的线段长应为 400cm，间隔应为 400cm，线宽应为 20cm 或 25cm；白色文字应为多乘员专用；分时专用车道可在文字下加标专用时间；汉字及数字字高、高宽比例、排列方式应符合规范规定。

图 8-27　多乘员专用车道标线示例

第 9 章　车道空间设置实例

Chapter Nine

9.1 » 新建主干路车道布置

9.1.1　宁波市庆元大道概况

庆元大道是宁波中心城区内重要的跨区道路，规划建成后，西接海曙，东连鄞州南部新城，向北沟通沧海路，穿越鄞州老江东片区至甬江大道，是鄞州南区重要的直达通道，也是未来城市重要的对外形象交通道路，如图 9-1 所示。

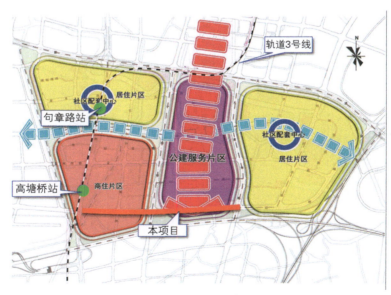

图 9-1　庆元大道项目区位和周边地块规划功能结构图

庆元大道西起广德湖南路，东接天童南路，周边地块已全面启动，并基本完成相关配套项目建设。安置房、教育、医疗等配套设施全面完善，宜居住区形象界面已初步展现。但因鄞州大道以南区域路网完善程度较低，现状东西向道路按规划实施完成的只有句章路（同谷路 – 明光路）、宁南南路 – 庆元大道、金峨路（蝶缘路 – 钱湖南路）、庆元大道（天童南路－鄞州大道）以及萧皋西路。片区内东西向贯穿性道路缺失，不足以支撑陈婆渡片区的开发建设。庆元大道定位为鄞州新城区东西向主要道路，对于陈婆渡片区交通组织，周边地块建设，提升沿线整体品质，方便沿线居民的生产生活均具有重要的意义。本段道路建成后，现状庆元大道向西延伸至广德湖路，加大了庆元大道在陈婆渡片区的服务半径。目前，陈婆渡片区开发主要集中在广德湖路以东区域，该段庆元大道的建成，对片区东西向主干路的打通具有重要意义，并且很好地分担了句章路的交通压力。图9-2所示为庆元大道设计效果图。

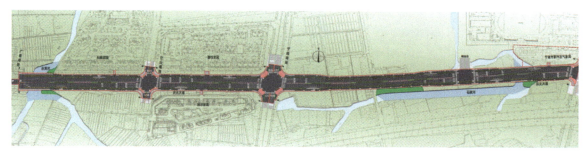

图9-2 庆元大道设计效果图

9.1.2 道路横断面设计

庆元大道规划等级为城市主干路，设计速度60km/h，全长约1.6km，标准断面红线宽度44m，分布为：2.5m人行道+1.5m绿化带+3.5m非机动车道+2m机非分隔带+11m车行道+3m中央隔离带+11m车行道+2m机非分隔带+3.5m非机动车道+1.5米绿化带+2.5m人行道（图9-3）。

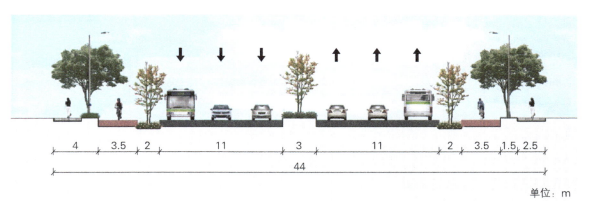

图9-3 庆元大道标准横断面布置

9.1.3 车道空间布置

根据横断面布置和流量需求，庆元大道路段标准车道规模为双向6机2非，其中双向机动车道宽度均为11m,各个车道宽度按内侧车道通行小型车辆为主、外侧车道通行公交车等大型车辆的原则进行差异化分配,从内往外各车道的净宽分别为3.15m、3.15m、3.4m,各车道之前采用宽0.15m的标线分隔,同时因道路两侧均设有绿化分隔带,为保障侧向行车安全,根据道路60km/h的设计车速,两侧侧向余宽均设置为0.75m,包括宽0.25m设置于分隔带内的安全带(不计算在机动车道总宽度11m内),以及包含车道边缘线0.15m宽度和道路平石宽度的0.5m宽路缘带,如图9-4所示。

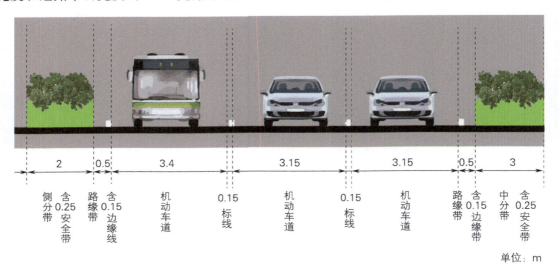

图9-4 单幅机动车道宽度布置

9.2 改建主干路车道布置

9.2.1 宁波市海晏路路概况

海晏路(图9-5)是宁波东部新城核心区一条重要的南北向主干路,现存道路建成于2008年,断面布置为双向6车道规模。由于海晏路全线与宁波轨道交通5号线共线,且周边分布有金融中心、阪急百货、宏泰广场等众多办公、商业驻地,规划、建设初期认为,道路将随着5号线开通,对片区交通造成较大影响。

从东部新城路网格局、城市格局以及与轨道交通5号线的关系来看,海晏路必须具备南北向主通道及轨道接驳、交通疏解的功能,根据其道路走

图9-5 海晏路区位图

向，南接环城南路快速路，北连通途路，是东部新城核心区中部的重要主干路，近期承担东部新城内部南北向重要交通功能，远期规划的过江通道建成后，海晏路是沟通江北－鄞州重要贯穿型交通要道，最终可实现连接城市快速路网和高速公路的道路版面，既是环城南路快速路在东部新城核心区的第一条疏散通道，同时也保证周边城市组团能迅速进入高速宁波东枢纽。图9-6所示为海晏路设计效果图。

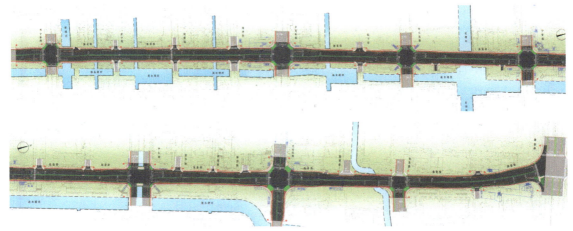

图9-6　海晏路设计效果图

9.2.2　道路横断面设计

本案例新建的海晏路南起环城南路，北至通途路，全长约4km，设计时速60km/h，道路标准红线宽度48m，断面布局为双向8机2非，具体组成为：3m人行道+3m非机动车道+2m侧分带+14.5m机动车道+3m中分带+14.5m机动车道+2m侧分带+3m非机动车道+3m人行道。图9-7所示为海晏路断面布置图。

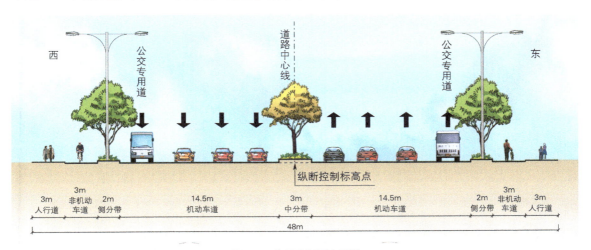

图9-7　海晏路断面布置图

9.2.3 车道空间布置

根据海晏路功能定位，其路段标准车道规模为双向 8 机 2 非，其中双向机动车道宽度均为 14.5m，各个车道宽度按内侧车道通行小型车辆为主、外侧车道通行公交车等大型车辆的原则进行差异化分配，从内往外各车道的净宽分别为 3.2m、3.2m、3.2m、3.4m，各车道之前采用宽 0.15m 的标线分隔（其中 4 车道为公交专用道，3、4 车道间采用宽 0.2m 的公交专用道标线分隔），同时因道路两侧均设有绿化分隔带，为保障侧向行车安全，根据道路 60km/h 的设计车速，两侧侧向余宽均设置为 0.75m，包括宽 0.25m 设置于分隔带内的安全带（不计算在机动车道总宽度 14.5m 内），以及包含车道边缘线 0.15m 宽度（外侧车道的边缘线采用公交专用道标线代替，宽度为 0.2m）和道路平石宽度的 0.5m 宽路缘带。单幅机动车道宽度布置如图 9-8 所示。

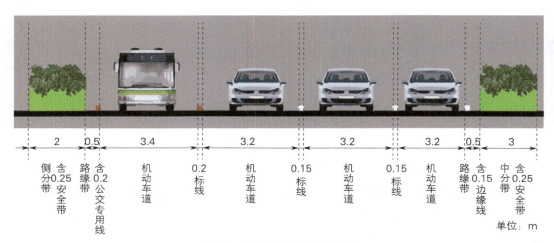

图 9-8 单幅机动车道宽度布置

第10章
交叉口时空协调交通组织实例
Chapter Ten

10.1 高架下层地面道路时空协调交通组织

10.1.1 宁波市环城南路概况

环城南路位于宁波中心城区中南部地区，是一条东西走向的城市快速路。它贯穿于宁波市核心区，并与机场快速路、环城西路、世纪大道、海晏路等多条南北走向的交通干路相交，是海曙西片区、三江口核心区与东部新城核心区联系的主要集散通道。

本次主要针对环城南路（通达路－后殷路）段进行时空协调交通组织，如图10-1所示。该路段道路断面为四块板形式，路段车道数量主要为双向六车道，部分交叉口如粮丰街、宁南路两侧支路、百宁街、沧海路等进口无渠化条件，成为限制通行能力的节点。

图10-1 环城南路（通达路－后殷路）交叉口点位图

环城南路作为东西走向的通勤要道，大量车流往返于海曙中心区、鄞州中心区和东部新城之间，交通流量存在一定的潮汐性特征，其中早高峰主要流向为由西往东，晚高峰为由东往西。由于环城南路两侧存在大量居住片区，且需要承接机场路快速路的汇入流量，现高架快速路及地面道路通行能力已无法满足实际通勤需求，缓行乃至严重拥堵已成为常态,环城南路快速路并没有实现真正的快速通行,急需通过调整交通组织并配合绿波方案,以提升其通行效率。环城南路-中兴路西往东直行车道流量如图10-2所示,环城南路-中兴路东往西直行车道流量如图10-3所示。

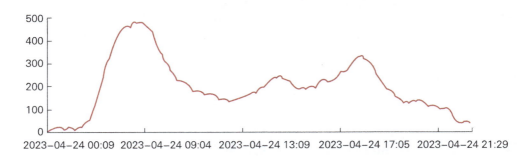

图10-2　环城南路-中兴路西往东直行车道流量曲线图

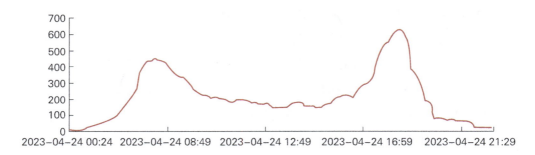

图10-3　环城南路-中兴路东往西直行车道流量曲线图

根据监测交通运行态势,分析得出现状环城南路沿线交叉口高峰时段普遍集中为早高峰7:20-9:40时段,高峰时长为140min,晚高峰16:30-19:00时段,高峰时长为150min。环城南路-中兴路交叉口整体流量如图10-4所示,环城南路-广德湖路交叉口整体流量如图10-5所示。

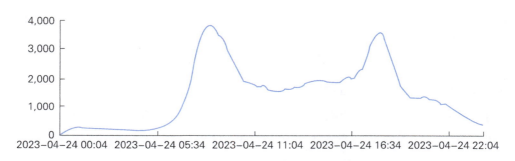

图10-4　环城南路-中兴路交叉口整体流量曲线图

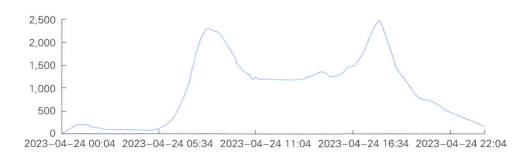

图 10-5　环城南路-广德湖路交叉口整体流量曲线图

◎ 问题分析

1）部分交叉口进口道无渠化，车道数量与通行需求不匹配。受环城南路高架桥墩影响及道路条件限制，部分交叉口如鄞奉路、宁南路两侧支路、百宁街、沧海路等无左转渠化，进口与路段均为三车道，实际只有两个直行进口车道，存在交叉口车道数量与实际通行需求不匹配的问题。环城南路与宁南路支路交叉口西进口现状，如图10-6所示。

图 10-6　环城南路与宁南路支路交叉口西进口现状

2）双向流量不均衡。环城南路整体交通流存在一定的潮汐性特征，其中早高峰主要流向为由西往东，晚高峰为由东往西，且部分交叉口单边放行需求明显大于对向，如环城南路与广德湖路，经调查统计其工作日早高峰西口左转、直行流量分别为355pcu/h、1349pcu/h，而东口左转、直行流量仅为183pcu/h、530pcu/h，现状配时方案存在大量空放时长，交叉口整体通行效率较低。

3）行人过街等待时间过长。环城南路与文启路交叉口信号配时方案（图10-7）及福明路与环城南路交叉口配时方案，与环城南路沿线其他交叉口使用较大的公共周期，行人等待时间过长，增加行人及非机动车闯红灯概率，存在较大安全隐患。

1106 环城南路 – 文启路多时段固定配时方案			
	东西直行	行人过街	周期
6:00–6:45	98	40	138
6:45–10:00	117	63	180
10:00–16:15	98	40	138
16:15–19:00	100	54	154
19:00–19:30	98	40	138
19:30–22:00	57	23	80
22:00–23:00	48	32	80
23:00–6:00	29	26	55
全红时间	2	2	

图 10-7　环城南路与文启路交叉口信号配时方案

4）下游节点通行能力不足导致排队溢出。环城南路与中兴路交叉口东侧支路（图 10-8）北出口，及中兴路与宋诏桥路交叉口北出口通行能力较低，无法及时将环城南路汇入车辆及时放行，导致车辆排队溢出至环城南路地面主线，影响东西直行车辆通行。

图 10-8　环城南路与中兴路交叉口东侧支路排队溢出

10.1.2　优化设计要点及提升效果

◎ 优化设计要点

按照"时空一体化"的思路进行优化，具体优化措施如下。

（1）车道布局优化

调整广德湖路与环城南路交叉口西进口车道分布，对车行道进行重新分配，车道布局调整为 1 左转、3 直行、1 右转；调整沧海路与环城南路交叉口东进口车道分布，将第二车道改为可变车道，根据不同时段流量特征进行调整；调整中兴路－宋诏桥路至永达路路段车道分布，增加一条机动车通行车道。环城南路与广德湖路交叉口西进口改造前后对比，如图10-9所示。

a）改造前图　　　　　　　　　　　　b）改造后图

图10-9　环城南路与广德湖路交叉口西进口改造前后对比图

（2）关键节点高峰时段禁左

主要拥堵节点中的环城南路沧海路路口，其西进口左转通行需求较低，早晚高峰期间左转与直行的通行比例约为1∶35，路段三个车道多数为直行车辆，存在路段三车道并路口两车道的隐形瓶颈，西往东通过路口时间长，拥堵排队极易溢出至上游百宁街路口。结合路口实际情况，相关主管部门研究讨论后确定将西进口实行早、晚高峰禁止机动车左转，同步将左转车道设为直行车道，并配套实施路口可变车道。环城南路与沧海路交叉口西进口改造前后对比，如图10-10所示。

a）改造前图　　　　　　　　　　　　b）改造后图

图10-10　环城南路与沧海路交叉口西进口改造前后对比图

（3）优化相位方案

针对对向流量明显不均衡的交叉口增设单放相位以提高放行效率，优化后启用以下单放相位（图10-11）：粮丰街西口、鄞奉路西口、广德湖路西口、沧海路东口。

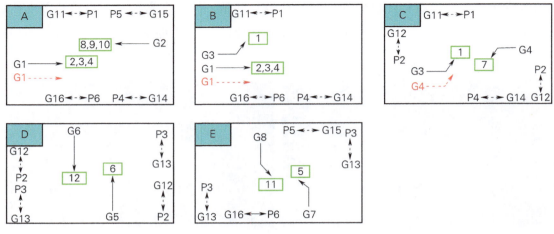

图 10-11 环城南路与广德湖路交叉口信号相位

（4）优化行人过街设置

文启路与环城南路交叉口及福明路与环城南路交叉口为灯控路段斑马线（图 10-12），由于原配时方案周期较大，行人及非机动车平均等待时间较长，增加了行人及非机动车闯红灯概率，存在较大安全隐患。本次将这两处斑马线调整为二次过街，降低了行人及非机动车等待时间。

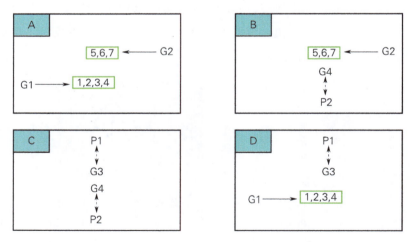

图 10-12 灯控路口斑马线相位控制方式

（5）优化绿波方案

分时分向设置道路信号绿波带，以时间成本"被动"吸引高架车辆分流。在优化调整环城南路沿线部分节点路口交通组织的基础上，分而合之为精细化设计多时段绿波方案提供实现条件，并经过反复推演与调试，最终设计并实施了环城南路（通达路 – 沧海路）的绿波方案。串联大部分信号灯交叉口，基本实现环城南路海曙与鄞州往返"一路开绿灯"的出行体验，根据宁波市整体出行特征（早高峰西向东，晚高峰东向西为主），环城南路早高峰以西向东方向"绿波"为主，晚高峰则以东向西方向"绿波"为主，平峰时段为全程双向绿波，以吸引高架车辆分流至地面道路，平衡高架和地面道路通行压力。各峰时段绿波时距如图10-13~图10-15所示。

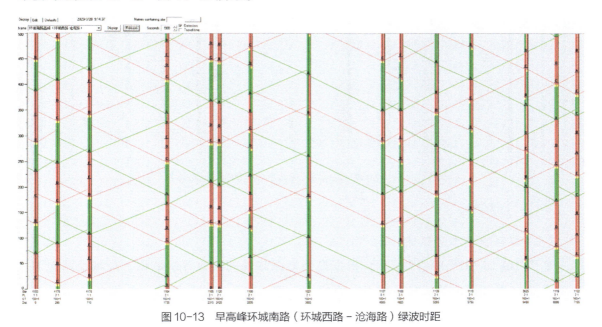

图10-13　早高峰环城南路（环城西路－沧海路）绿波时距

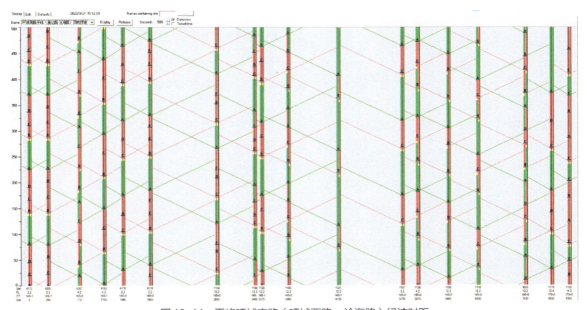

图10-14　平峰环城南路（环城西路－沧海路）绿波时距

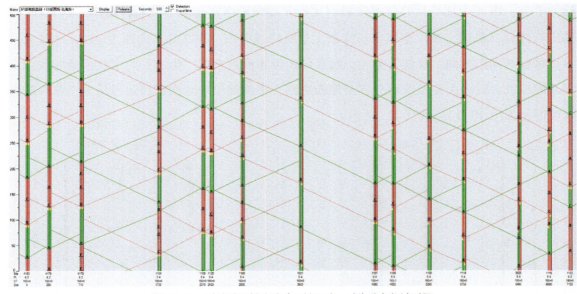

图 10-15　晚高峰环城南路（环城西路－沧海路）绿波时距

◎ 提升效果

（1）路口服务水平提升

如图 10-16 和图 10-17 所示，根据高德地图软件的路口评级数据，环城南路地面主要节点路口服务评价等级显著提升，百宁街、沧海路、广德湖路分别从原来 D、F、D 提升至 C、D、C，路口排队长度、停车次数、延误指数都有较大下降。

a）治理前路口评级图　　　b）治理后路口评级图

图 10-16　环城南路与百宁街交叉口治理前后路口评级

第10章 交叉口时空协调交通组织实例

a）治理前路口评级图　　　b）治理后路口评级图

图10-17　环城南路与沧海路交叉口治理前后路口评级

（2）地面运行情况改善

环城南路地面道路运行情况改善，早高峰西往东方向拥堵指数由1.56下降至1.42，环比下降3.8%；行程车速由34.52km/h提升至39.18km/h，环比提高13.5%；交通流量较由原2153pcu/h上升至2321pcu/h，环比上升7.6%。具体如图10-18所示。

晚高峰东往西方向拥堵指数由1.54下降至1.49，环比下降3.41%；行程车速由33.3km/h提升至35.3km/h，环比提高6.07%。平峰时段双向平均车速均已达47km/h左右，地面道路服务水平提升效果突出。

当前日期	当前指数	当前速度/（km/h）	对比日期	对比指数	对比速度/（km/h）
3月20日	1.66	33.2	2月20日	1.64	32.7
3月21日	1.49	37	2月21日	1.53	35.1
3月22日	1.3	42.2	2月22日	1.38	39
3月23日	1.27	43.2	2月23日	1.58	33.9
3月24日	1.36	40.3	2月24日	1.69	31.9
实施后平均	1.42	39.18	实施前平均	1.56	34.52

图10-18　地面道路在治理前后拥堵指数与平均车速对比

（3）高架运行情况改善

对环城南路的优化治理不仅提升了地面道路畅通程度，同时吸引了一部分环城南路高架上的流量，有效降低了高架上的拥堵指数。如早高峰西往东方向拥堵指数由1.66下降至 1.5，环比下降 9.8%；高峰行程车速由 44.4km/h 提升到 49.4km/h，环比提高 11%；交通流量由原 5214pcu/h 下降至 4986pcu/h，环比下降 4.4%，较有效平衡了高架和地面道路的通行需求。具体如图 10-19 所示。

当前日期	当前指数	当前速度/(km/h)	对比日期	对比指数	对比速度/(km/h)
3月13日	1.51	48.8	2月13日	1.91	38.4
3月14日	1.58	46.6	2月14日	1.66	44.1
3月15日	1.5	49.3	2月15日	1.7	43.2
3月16日	1.37	54	2月16日	1.58	46.5
3月17日	1.47	50.1	2月17日	1.62	45.2
3月20日	1.6	46.1	2月20日	1.62	45.3
3月21日	1.49	49.5	2月21日	1.57	46.6
3月22日	1.49	49.7	2月22日	1.47	50
3月23日	1.41	52.5	2月23日	1.64	44.7
3月24日	1.55	47.7	2月24日	1.83	40
实施后平均	1.497	49.43	实施前平均	1.66	44.4

图 10-19　同路段高架在治理前后拥堵指数与平均车速对比

（4）地面与高架通行情况对比

分别选取两条线路对优化后的环城南路进行实地检验，对比平均行程车速和行程时间，可发现：同样的行驶距离，地面道路比高架道路行驶车速更快，行程时间更短，证明环城南路地面道路时空协调交通组织方案取得了较好的效果（图 10-20）。

通行线路	起止点	行程距离/km	灯控路口数量/个	行程车速/(km/h)	行程时间/min
地面道路	广德湖南路与贸城西路口－环城南路与后殷路口	9.4	16	37.6	15分
高架道路			2	31.33	18分
地面道路	环城南路与中兴南路西侧辅道路口－环城南路与后殷路口	4.9	9	44.89	6分33秒
高架道路			2	28.68	10分15秒

图 10-20　地面与高架通行情况对比

10.2　多车道汇入自适应控制

10.2.1　重庆市江北区朝天门大桥北桥头概况

重庆受特定城市发展历史和山水阻隔交通的地理条件影响，形成"一城三片、多中心组团式"城市特征，绝大部分组团间依靠桥梁隧道连接，主城区主干路网多以互通立交形式连接，多方向交通流在不受干扰或很小干扰的情况下，快速到达桥梁隧道，造成组团间主通道的桥梁隧道节点交通通行需求量大，在早晚高峰期间形成交通瓶颈，尤其是交织区问题严重，主要问题体现如下。

1. 入口不畅

多车道汇入节点部分车辆争道抢行、变道加塞、违规变道等交通违法行为进一步加剧拥堵，极易引发擦碰事故，如图10-21所示。据统计，因抢道引发交通事故约占路口事故总数的40%，每起事故影响通行时间平均达15min以上。

图10-21 交织区入口不畅问题

2. 出口不畅

例如图10-22所示的主干路四车道，出口只有两个车道且连接商圈，车流量非常大，导致主线四个车道全部走不动，形成"包饺子"现象，如图10-22所示。

图10-22 交织区出口不畅问题

◎ 问题分析

江北区朝天门大桥北桥头主要有三个方向（朝天门大桥方向、五里店方向、五福路方向）共 8 条车道的车流汇入 3 车道的五红路，车道汇流区长度为 150m，且五福路也为出口。该条道路连接江北区和南岸区的主要通道，日常交通流量大，高峰时段路段交通瓶颈现象特别明显、交通秩序混乱、通行缓慢。朝天门大桥方向、五里店方向、五福路方向多股车流交织，互相干扰，导致汇流点交织冲突、车辆争道抢行。

◎ 优化设计要点

针对多车道汇入节点安全和效率问题，考虑在汇入点上、下游布设检测设备，根据检测设备收集的信息，对汇入各个进口车辆实行实时分车道控制，分离瓶颈路段交织冲突，规范行车秩序，确保上、下游通行能力匹配，降低交通事故概率，提高瓶颈路段行车速度，提高通行效率。主要步骤如下：

1) 规范交织区的通行秩序问题，用信号灯控制，把车流阻拦在交织区外围。

2) 根据下游出口的"容量"大小来放行上游进口的车流量。

3) 最后，再考虑上游各个进口放行量的分配问题。

◎ 相关交通管理主要措施

江北区朝天门大桥北桥头路段，存在多车道汇入的交织冲突和上下游车道不匹配的瓶颈现象，加之部分车辆争道抢行，导致汇流点车流消散不及时，车辆等待通行时间过长。采用"车道控制"+"自适应控制"相结合的方式，将每一个"车道"进行单独控制，而且各个车道之间可以任意组合放行，再加上路口上、下游各个断面的检测信息作支撑，这样既解决了下游道路"吃不下"的问题，又解决了"吃不饱"的问题。通过多车道汇入自适应控制，可实现多股车流有序放行。主要措施如下。

（1）设置 7 组分车道指示信号灯

对朝天门大桥方向的 2 个直行车道和 1 个右转车道分别控制，对五里店方向的 2 个直行车道和 1 个右转车道分别控制，对五福路 2 个车道一起控制。保证汇流区车辆不产生交织冲突、汇入车道数和下游车道数匹配。

（2）设置车道信息告示标志、导向车道标志、指路预告标志等交通标志

车道信息告示标志提示驾驶人按数字编号对应的信号灯指示通行，并排于信号灯灯具左侧，文字内容为"车道*（阿拉伯数字）"；白底、黑字、黑边框；标志版面规格与信号灯等高、等宽。导向车道标志、指路预告标志宜采用门架支撑方式。

（3）设置导向车道线、路面文字标记等交通标线

导向车道线长度不小于 50m，可根据道路条件、车流量等因素适当延长。路面文字标

记用以提示驾驶人按数字编号对应的信号灯指示通行，设置于导向车道内及进入导向车道前路段，文字内容为"车道*（阿拉伯数字）"，纵向排列，每个进口方向2~3组，道路较长时，也可增加路名信息。

（4）设置交通状况检测设备及闯红灯违法记录仪及变道抓拍设备

通过检测进出口道路车流量、车速、排队长度等数据，根据交通状况实时自动优化信号灯配时方案，实时动态调整信号控制方案，规范汇流区通行秩序、提高路段通行效率。在停止线前、导向车道起点、下游瓶颈路段设置检测设备，还可在上游路段远端增设部分检测设备。

多车道汇入自适应控制及相关设施如图10-23和图10-24所示。

图10-23 天门大桥多车道汇入自适应控制

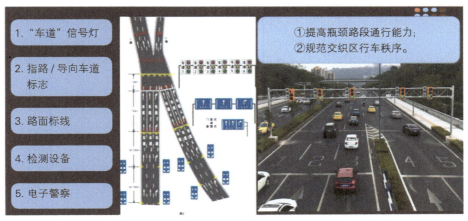

图10-24 多车道汇入自适应控制相关设施

◎ 提升效果

实施后，首先是规范了交织区的通行秩序，交通事故数量大幅下降，其次是提高了瓶颈路段的通行效率。实施前，车辆在这个区域反复"停－走－停－走"，而且随时想着变道，效率非常低；而控制后，车辆是匀速通过且完成了变道，减少了下游路段的交织量。

据高德地图软件统计分析的路网"延时指数"显示，采用多车道汇入自适应控制后，将高峰"延时指数"从平均4.5降低到平均2.5以内；重庆市城市建设研究中心统计分析的路网"平均车速"显示，采用多车道汇入自适应控制后，将高峰"平均车速"从18km/h提高到25km/h；辖区交巡警支队统计的交通事故数量，从平均4起/天，降低到0.4起/天。

第 11 章　接入管理实例

Chapter Eleven

11.1 » 商业核心区道路接入管理

11.1.1　宁波市中山路概况

宁波市中山路享有"浙东第一街"美誉，不仅是甬城最重要的交通干道，更是承载宁波城市变迁和经济社会发展的标志性道路，在市民心中具有重要地位。中山路（机场路–世纪大道）段全长 9.2km，沿线分布大量居住小区、商业中心、学校、医院等重要场所，同时有较多支路衔接，进出中山路交通需求较大。

◎ 问题分析

2008 年宁波第一条轨道交通 1 号线开工建设，走向沿中山路。经历了轨道交通的长期建设，中山路也急需综合整治，结合道路整治工程，优化中山路沿线出入口交通组织问题。中山路沿线出入口分布情况如下。

1. 交通吸引点多

中山路沿线分布较多的居住小区、医院、学校等重要场所，进出需求较大。海曙区分布有 18 个较大规模小区，6 所学校，4 处公园、广场等娱乐集散地；江东区分布有 17 个较大规模小区，5 所学校，3 所医院，2 处公园、广场等娱乐集散地，具体分布点位如图 11–1 所示。

2. 出入口数量多

中山路沿线支路、各场所出入口数量较多（表 11–1 和图 11–2），进出时对中山路主线交通有较大影响。小区开口最多分布在片区 4，道路两侧共有 13 个小区开口。支路开口最多分布在片区 2，道路两侧共计 29 个开口。沿街店铺单位开口大多分布在北侧，南侧以小区开口为主。

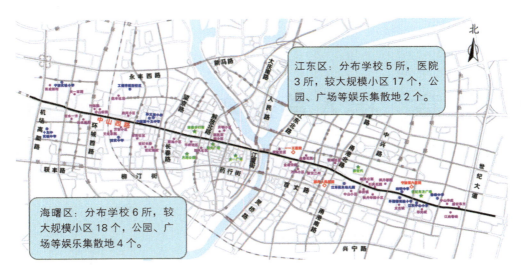

图11-1 中山路沿线交通吸引点分布图

表11-1 中山路沿线开口统计表

片区		小区开口	支路开口	其他开口
片区1	北侧	5	6	7
	南侧	0	6	0
片区2	北侧	0	14	7
	南侧	5	15	3
片区3	北侧	2	7	1
	南侧	4	6	3
片区4	北侧	6	4	5
	南侧	7	3	4

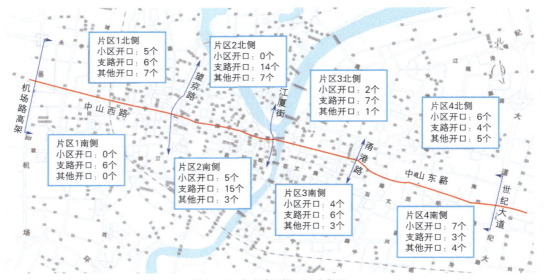

图11-2 中山路沿线开口分布图

11.1.2 优化设计要点及提升效果

◎ **优化设计要点**

根据中山路交通功能定位，需保证中山路主线交通畅通。结合中山路整治工程及轨道站点出入口分布，梳理沿线出入口，可采取以下优化措施。

1. 封闭交叉口

根据中山路沿线出入口间距、交叉口间距，对距离较近的交叉口进行交通组织优化，中央隔离封闭较小的交叉口，保证中山路主线交通、重要交叉口交通畅通。交叉口行人交通过街需求，可结合地铁站点出入口组织，或建设地下通道衔接。

2. 右进右出控制

根据中山路道路断面优化布置，中间核心区段采用中央花箱式隔离栏分隔对向交通，两端采用绿化隔离分隔对向交通，可对沿线出入口采用"右进右出"交通组织方式。

◎ **提升效果**

以中山路（开明街－江厦街）核心区商业中心区段为例，该路段长 680m，有中山路－开明街、中山路－碶闸街、中山路－江厦街 3 个信号灯控制交叉口，交叉口间距较短，路段上有药局巷、华楼街、日新街、车轿街、和义路、东渡路 6 条支路接入。

中山路整治后，中山路－碶闸街交叉口封闭，中山路主线采用中央隔离，取消了信号灯控制，碶闸街交通组织调整为"右进右出"形式，提高了该路段通行效率。结合轨道 1 号线东门口站地铁出入口布置，建设碶闸街地道，方便行人过街及选择轨道交通出行，为行人提供了顺畅便捷的通行环境。中山路（开明街－江厦街）段沿线支路单行线设置如图 11-3 所示，中山路（开明街－江厦街）段沿线支路接入如图 11-4 所示。

结合周边路网条件，该路段接入的其余支路设置为单向交通，在提升支路通行效率的同时，降低了接入道路对主线交通流的干扰，盘活了路网。

图 11-3　中山路（开明街－江厦街）段沿线支路单行线设置示意图

a）中山路－碶闸街

b）中山路－日新街

c）中山路－车轿街

d）中山路－和义路

e）中山路－东渡路

f）中山路－药局巷、华楼街

图 11-4　中山路（开明街－江厦街）段沿线支路接入实景图

11.2 交通性主干路接入管理

11.2.1 宁波市中兴路概况

◎ 问题分析

如图 11-5 所示，中兴路为宁波市的一条城市主干路，位于宁波东部城区纵向交通中轴线。道路保留了辅道功能，承载了城市商业、文化、交通、景观等多种职能，路面下有轨道交通 3 号线路。南面与中兴南路相接可至杭甬高速；北面与中兴北路相接，通过中兴大桥沟通甬江两岸；东面与江南路相接，联系高新区、东部新城。

中兴路规划两侧以居住、商业、公建用地为主。改造前沿街部分建筑立面凌乱，设施陈旧，沿线小区及企业出入交通组织混乱，交通拥堵明显，与城市中心城商业街功能定位不符，改造迫在眉睫。

图 11-5　中兴路道路现状图

11.2.2　优化设计要点及提升效果

◎ **优化设计要点**

中兴路道路红线宽度 50m，主线设双向 5 车道，两侧辅道各设 2 条车道（包括公交专用道），道路等级为城市主干路，如图 11-6 所示。

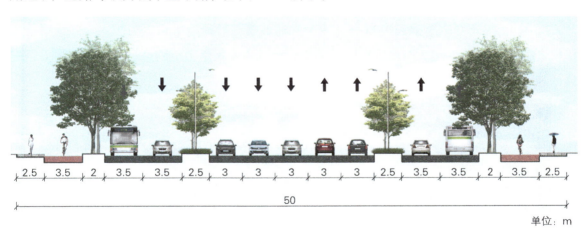

图 11-6　中兴路道路断面分布图

中兴路道路沿线两侧主要为商业、商住功能区为主，并分布有大量居住小区，开口多位于中兴路上，交通流整体潮汐现象较明显，且对公共交通需求较旺。道路沿线开口因为设置了中央隔离栏，整体采用右进右出的交通组织方式。对于主辅道绿化带未设置开口的路段，沿线企业和小区开口的进出车流均从辅道进行集散。中兴路沿线出入口接入方案如图 11-7 所示。

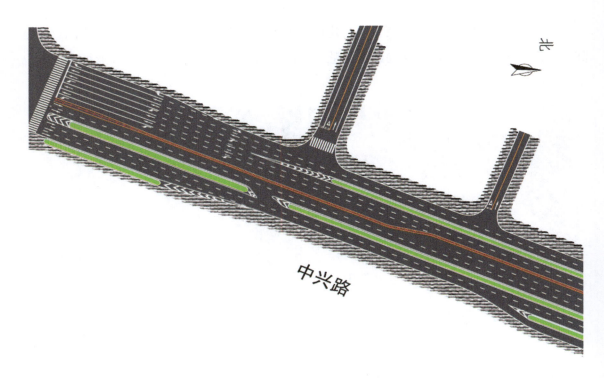

图 11-7　中兴路沿线出入口接入方案示意图

◎ **提升效果**

如图 11-8 所示，中兴路改造提升后，从辅道进行沿线地块集散的接入方式，缓解了沿线开口直接接入主路从而造成拥堵的现象，保证了中兴路主线的通行效率，也提升了道路的通行品质。

图 11-8　中兴路改造后沿线开口出入实景图

第 12 章　交通管控措施实例

Chapter Twelve

12.1 » 掉头车道外置

12.1.1　宁波市黄山路概况

黄山路为宁波市北仑区东西方向主干路，道路现状为五块板，有中央绿化带及机非绿化带，路段现为双向八车道，路口有渠化段。现黄山路设有绿波带，绿波速度为 60km/h，为北仑区东西方向车辆通行的主要道路。

◎ 问题分析

如图 12-1 所示，黄山路（大碶疏港高架以西路段）两侧为北仑区申洲公司，而黄山路（大碶疏港高架以东路段）南侧为申洲公司宿舍，现有大量工人在宿舍居住，工作日早高峰时期，有大量工人开车上班，由于黄山路（大碶疏港高架－新大路段）道路中央设有绿化带，白杨路通行的车辆右进右出，故申洲员工驾驶的车辆需要在黄山路－新大路交叉口进行掉头，致使黄山路（大碶疏港高架－新大路段）存在以下交通问题：

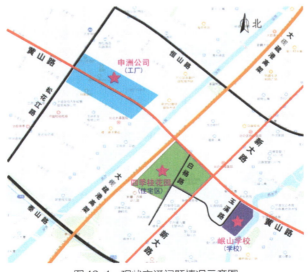

图 12-1　现状交通问题情况示意图

1）掉头车辆交通流量较大。

2）黄山路（白杨路－新大路）路段距离较短，车辆变道困难。

3）黄山路早高峰时期交通流量较大，掉头车辆变道严重影响车辆通行。

4）黄山路直行车辆排队较长，有时会排队至白杨路开口西侧，致使掉头车辆无法变道。

12.1.2 优化设计要点及提升效果

◎ 优化设计要点

现状黄山路－新大路交叉口西进口4车道，车道布置形式为：1左转+2直行+1右转。结合现状右转弯车道交通流量较小的情况，将最右侧右转弯车道变为右转+掉头混合车道，从而解决了白杨路开口驶出车辆难以掉头的情况，降低了掉头车辆对黄山路道路通行的影响，提高了黄山路通行效率，如图12-2所示。具体措施如下。

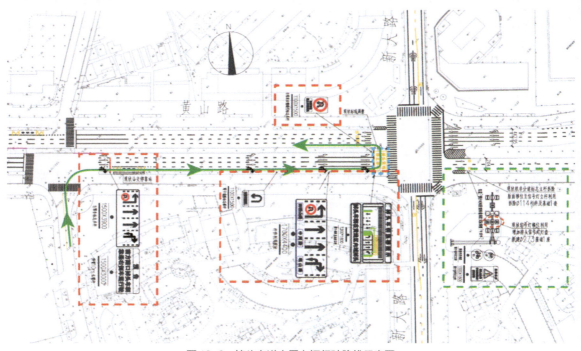

图12-2 掉头车道右置车辆行驶路线示意图

1）将黄山路－新大路交叉口西进口右转弯车道更改为：右转+掉头组合车道，单独设置掉头车道信号灯，并优化信号配时，将掉头绿灯单独设置，如图12-3所示。

2）更换分道牌，指引掉头车辆在最右侧车道通行，并对左转弯车道设置禁止车辆掉头信息提示，如图12-4所示。

图 12-3 交通优化措施示意图（一）　　图 12-4 交通优化措施示意图（二）

3）在黄山路－白杨路东进口处设置预告标志"前方路口掉头车辆，靠最右侧车道行驶"，提前告知驾驶人掉头车道右置，并另行设置1块分车道标志，对掉头车辆进行提前引导，如图12-5所示。

4）停止线后移，在停车线与斑马线之间设置掉头区域，以避免掉头车辆与斑马线上行人及非机动车产生冲突，从而保证交叉车辆及行人、非机动车安全，如图12-6所示。

图 12-5 交通优化措施示意图（三）　　图 12-6 交通优化措施示意图（四）

◎ 提升效果

在黄山路－新大路交叉口西进口，将掉头车道设置在最右侧车道后，有效解决了掉头车辆变道困难的情况，避免了掉头车辆变道对直行车辆的影响，极大地提高了该路段及交叉口的通行能力，有效降低了黄山路该路段交通拥堵的现象，如图12-7所示。

图 12-7 交叉口运行现状

12.2 » 潮汐车道交通组织

12.2.1　合肥市望江西路概况

合肥市望江西路高峰期间交通流量流向不均衡特征明显，但道路时空资源利用并不充分，形成通行瓶颈。通勤主干路局部路段存在左转与直行流量各时段不均衡、上下游车道不匹配、道路资源利用不充分等情况。合肥市交警通过采用"直左可变车道＋借道左转潮汐车道"的交通组织模式，充分利用道路资源，保障主要流向、兼顾转向交通流，基于道路空间的动态利用来提升路口通行能力，有效缓解了"瓶颈"路段交通拥堵。

◎ 问题分析

如图 12-8 和图 12-9 所示，望江西路是合肥市贯穿东西向的主干路，也是连接市区

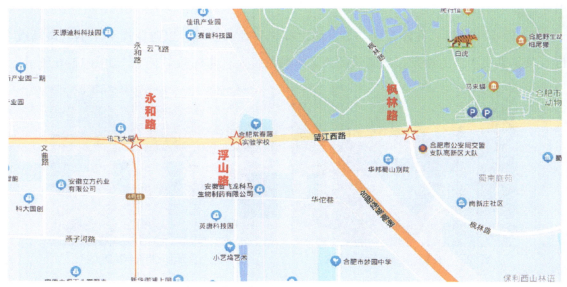

图 12-8　望江西路（枫林路－永和路）位置图

图 12-9　望江西路与枫林路高峰期拥堵情况

与高新区的重要通道，早晚高峰期间饱和度高且存在交通流潮汐现象，尤其以望江西路（枫林路－永和路）段最为突出。

1. 路段交通流存在潮汐现象

通过对道路通行情况持续观察及交通流量调查，早高峰交通主流向为东向西，晚高峰主要交通方向为西向东。流量调查结果见表12-1和表12-2。

表12-1 早高峰 7:30—8:30 交通流向流量

（单位：pcu/h）

		北进口	南进口	西进口	东进口
望江西路和枫林路交叉口	左转	34	657	219	17
	直行	177	417	748	2460
	右转	1073	6	309	160
望江西路和浮山路交叉口		北进口	南进口	西进口	东进口
	左转	360	140	7	186
	直行	0	220	686	691
	右转	103	450	40	141
望江西路和永和路交叉口		北进口	南进口	西进口	东进口
	左转	450	219	40	124
	直行	585	367	516	861
	右转	90	59	97	141

表12-2 晚高峰 17:30—18:30 交通流向流量

（单位：pcu/h）

		北进口	南进口	西进口	东进口
望江西路和枫林路交叉口	左转	187	379	188	36
	直行	424	455	1228	672
	右转	249	38	148	61
望江西路和浮山路交叉口		北进口	南进口	西进口	东进口
	左转	227	70	0	279
	直行	51	95	2542	647
	右转	0	697	25	193
望江西路和永和路交叉口		北进口	南进口	西进口	东进口
	左转	943	51	13	16
	直行	246	63	1350	534
	右转	76	82	225	174

2. 交叉口瓶颈现象突出

望江西路整体通行能力较强，横向交通吸引少，大量通勤车辆可快速汇集至望江西路与枫林路交叉口。望江西路高峰期间，流量不均衡，潮汐现象显著，而枫林路受生态红线的限制，道路空间资源有限，慢行系统不完善，限制了交叉口通行效率，高峰期间形成交通瓶颈。

12.2.2 优化设计要点及提升效果

◎ 优化设计要点

1. 望江西路与枫林路交叉口设置可变车道和借道左转的潮汐车道

望江西路与枫林路交叉口改善措施如图 12-10 所示。

图 12-10 望江西路与枫林路交叉口改善措施

如图 12-11 所示，东进口将左转车道设置为左转、直行可变车道。早高峰时段（7:00—9:00）东进口禁止左转，原左转车道变更为直行车道，左转弯车辆可直行通过路口后再掉头行驶。

如图 12-12 所示，西进口借用对向车道增加设置借道左转潮汐车道。晚高峰时段（16:30—19:00）由西向东方向左转进入枫林路车辆，有两个车道可以左转。其他时间段，所有车辆按照平峰交通组织方式有序通行。

第12章 交通管控措施实例

图12-11 望江西路与枫林路东进口左转车道改为可变车道

图12-12 望江西路与枫林路西进口增设借道左转潮汐车道

如图12-13所示，枫林路由于早晚高峰往望江西路（西段）的车流量较大，也将南北进口各一个直行车道改为"可变车道"。北进口，早晚高峰期间第二车道变更为左转，平峰变为直行；南进口，早高峰期间右侧第二车道变为右转，其他时间段则变为直行。

图12-13 望江西路与枫林路北进口、南进口分别设置可变车道

119

2. 望江西路与浮山路交叉口东进口设置可变车道和借道左转潮汐车道

望江西路与浮山路交叉口东进口改善措施如图12-14所示。

图12-14　望江西路与浮山路交叉口东进口改善措施（一）

如图12-15所示，为保障直行车流，在东进口将左转车道改为左转、直行可变车道。同时，为满足左转需求，借用对向车道设置借道左转潮汐车道。早高峰，望江西路与浮山路交叉口原左转车道变更为直行车道，左转弯车辆需通过中分带开口借道对向一个车道进行左转。

图12-15　望江西路与浮山路交叉口东进口改善措施（二）

3. 望江西路与永和路交叉口将左转车道改为可变车道

望江西路与永和路交叉口改善措施如图 12-16 所示。

图 12-16　望江西路与永和路交叉口改善措施

如图 12-17 所示，望江西路与永和路交叉口东进口道内侧左转车道设置为左转、直行可变车道，早高峰禁止左转，左转车道变为直行车道。

图 12-17　望江西路与永和路交叉口东进口设置可变车道

4. 配合设置相应的标志

在进口道前设置提醒标志，引导车辆正确选择车道，如图 12-18 所示。

图12-18 可变车道引导标志

◎ 提升效果

本案例针对交通流潮汐现象显著、主流向需求大等因素导致的交通拥堵现象，采用在瓶颈交叉口设置可变车道，解决主流向进口车道通行能力不足的矛盾。同时，采用借道左转潮汐车道兼顾部分路口左转需求，从而有效缓解了路段通行"瓶颈"的问题。改造实施后，望江西路（枫林路－永和路）段车辆通行能力有较大幅度提升，缓解了早晚高峰期间道路交通流潮汐现象造成的拥堵，显著缩短了高峰持续时间，效果良好。

第 13 章
慢行交通组织设计实例

Chapter Thirteen

13.1 跨线桥非机动车交通组织

13.1.1 北京市槐房西路跨线桥概况

槐房西路此前的名称是"马家堡西路南延道路",南起大兴区团河地区金西路,向北可以直通北京南站、西单等地区。位于五环路跨线桥的路段全长近五百米,有双向 6 条机动车道。道路最初设计时,是把非机动车道设置在桥下东、西两侧,非机动车从桥下跨越五环,但未能实现。在这座跨线桥两侧,住户和企业员工大约 2.5 万人,商户企业二百余家,对骑车人而言,出行比较不便。

13.1.2 优化设计要点及提升效果

为打通慢行系统"断点",交管部门对跨线桥进行优化改造,具体要点如下。

（1）增设非机动车道

将槐房西路跨线桥最外侧车道改为非机动车道,同时压缩机动车道宽度,确保非机动车道宽度达到 3m 以上,如图 13-1 所示。

图 13-1　跨线桥增设非机动车道

123

（2）交织处设置非机动车道"S"弯

将桥区的最外侧车道改为非机动车道后，行车道变为4条，上桥和下桥位置出现了4处机动车和非机动车交汇的地点。北京市交管部门会同相关单位专家，进行了专项研究，将非机动车道设置为"S"形，如图13-2所示，确保非机动车穿越机动车道时，视线可以观察到机动车道里的车辆。骑车人经过这个S形路段穿插机动车道，会有一个近似90°的转弯，骑车人很轻易地就能看到机动车道内车辆的行驶情况。

图13-2 非机动车道"S"弯

（3）设置机非导流带

机动车道和非机动车道之间设置导流带隔离，如图13-3所示，导流带上加装了柔性隔离柱和高亮反光道钉，加强提示作用，即使驾驶人不熟悉道路，也有一个预留出来的空间，不会直接撞在硬物或自行车上造成伤害。

图13-3 机非导流带

（4）设置配套交通设施

增设桥区远端主、辅路机动车道的指示标志和地面标识，指引骑车人有序通行。

第13章 慢行交通组织设计实例

非机动车道改造完成后，骑行安全性和便捷性均得到提升，减少了非机动车 3km 绕行距离，节约 80% 通行时间，非机动车通行安全性和效率大幅提升。

13.2 » "Z"字形行人二次过街优化

13.2.1 衢州白云中大道概况

如图 13-4 所示，白云中大道为衢州市城市通行主干路，路幅较宽，路段行人过街距离较长，难以一次过街，且中央未设置二次过街安全岛，行人过街存在安全隐患。同时由于车速较快，车辆未能及时观察到过街行人，导致事故频发。

◎ 问题分析

白云中大道与南海路交叉口位于衢州市智慧新城，现状为非灯控 T 型右进右出路口，两侧以住宅区为主，过街需求量较大。白云大道又是贯通智慧新城南北，并对外连接老城区和石梁片区的主干路，交通需求大，机动车流量大（日均高峰期小时流量为 4860pcu/h）。

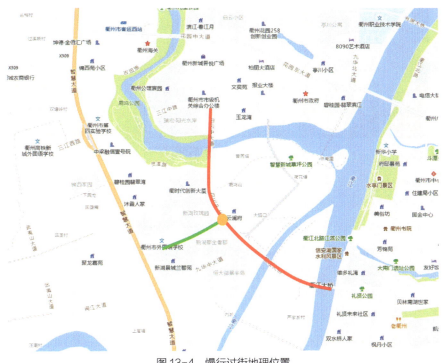

图 13-4　慢行过街地理位置

白云中大道与南海路交叉口处慢行过街优化前状况如图 13-5 所示，主要存在以下问题。

（1）未设置行人驻足安全岛

斑马线长度超过16m，未参照规范设置二次过街安全岛，行人无驻足区。

（2）存在视野盲区

白云中大道方向进口道为三车道，内侧车道车辆易在斑马线前遮挡外侧车道的驾驶人行车视线，不利于外侧车道车辆驾驶人观察到正在斑马线上通行的行人、非机动车，存在一定的安全隐患。

（3）行人与非机动交织严重

路口范围内未明确划分行人与非机动车通行区，高峰期间行人与非机动车相互交织，行径路线不规范，秩序较差。

图13-5　慢行过街优化前状况

13.2.2　优化设计要点及提升效果

◎ **优化设计要点**

针对路段慢行过街存在的安全隐患，衢州市交警支队从改善视野、明确路权等方面出发，保障慢行过街权益。具体措施如下。

（1）设置"Z"字形错位斑马线

针对行人过街困难，将现存过街斑马线改造为"Z"字形错位斑马线。通过压缩车道宽度，增设隔离栏等措施，在道路中央设置3m宽的二次过街等候区，如图13-6所示。

（2）优化停止线

针对行车视野不佳，将现状路口南北向进口道停止线改造为"阶梯式停止线"，即以行进方向左侧人行横道线边缘为基准，将机动车车道依次从近至远后移 3m、6m、9m，呈阶梯状设置，如图 13-7 所示。

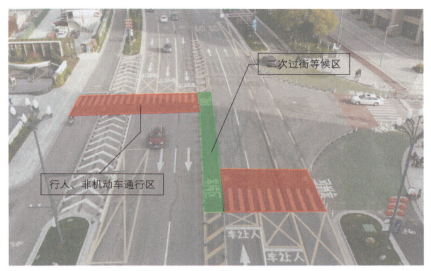

图 13-6 "Z"字形错位斑马线

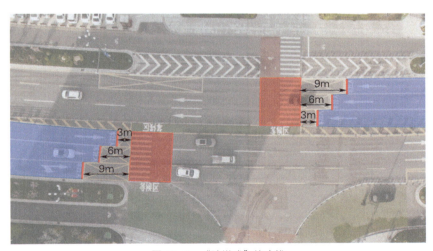

图 13-7 "阶梯式"停止线

（3）慢行交通组织优化

慢行一体化设计，行人与非机动车同流向通行，减少交通流冲突点；通过施划彩色标线，划分非机动车在路口以及过街时的路权，规范行车路径，提高路口通行秩序。

（4）配套智能交通设备

在白云中大道与南海路交叉口北进口方向，增设不礼让行人违法抓拍设备，强化驾驶人礼让行人、斑马线前提前减速的安全意识。

◎ 提升效果

本案例通过对白云中大道与南海路交叉口采取"错位斑马线＋阶梯式停止线＋非机动车通行区＋不礼让抓拍"等组合措施，让过路行人和非机动车"看起来、绕起来、慢起来"，让机动车"停下来、看得见"，全面提升了路口的规范序性与安全性，优化效果较为显著，如图13-8所示。

图13-8　慢行过街优化后

第 14 章
重点车辆通行组织实例

Chapter Fourteen

14.1 » 货运通道交通组织

14.1.1 宁波市机场路概况

如图 14-1 所示，机场路是宁波市海曙区西片的城区街道与乡镇间的主要道路，其高架部分为机场快速路（禁止货车通行），地面道路断面为双向 6 车道（设有公交优先车道）。

○ 问题分析

机场路是衔接城区与市郊的主要通道，由于其北延跨余姚江，是城区边界处的主要跨江通道之一。同时，城西与城南之间的货物运输也主要通过机场路的地面道路完成，其地面道路日常通行大型货车的数量较多。大型货车普遍存在视线盲区，内轮差等，尤其是车身左侧和右侧，基本都属于视线全盲区，如图 14-2 所示。一旦小汽车、非机动车及行人驶入其视线盲区位置，也就意味着驶入了"死亡地带"。

图 14-1 机场路（鄞县大道至鄞州大道段）道路断面

图 14-2 货车右转盲区示例

14.1.2 优化设计要点及提升效果

◎ **优化设计要点**

根据货车实际通行需求和城区交通管理需要，将机场路（鄞县大道至鄞州大道段）设置为禁货边界道路，如图14-3所示，允许货车在此段道路上通行，但不允许进入东侧禁货核心区内。在此段道路沿线往禁货核心区的交叉口出口道，均设置了禁令标志和禁货卡口设备，如图14-4和图14-5所示。

◎ **提升效果**

机场路（鄞县大道至鄞州大道段）实施禁货交通组织后，为净化城市交通环境，保障市内道路交通基础设施良好运行、缓解城市交通拥堵、提升城市交通安全做出了一定贡献。

图14-3　机场路（鄞县大道至鄞州大道段）禁货区域边界道路示意图

图14-4　机场路（鄞县大道至鄞州大道段）进入禁货区域的沿线路口禁令标志

图 14-5 机场路（鄞县大道至鄞州大道段）进入禁货区域的沿线路口出口道禁货卡口

14.2 工程车定道交通组织

14.2.1 宁波市风华路概况

如图 14-6 所示，宁波市江北区风华路沿线分布有宁波市豪城码头、鑫宏码头、路林海鲜批发市场、二号桥市场、常洪货车停车场等物流集散点，工程车辆进出的需求较大。

◎ 问题分析

大量工程车主要通过东昌路、风华路进出相关码头和市场，货运需求较为集中。风华路的工程车流量大，违法、违规问题较为突出，事故多发。为保证其他交通参与者的安全，宁波市江北区在该段道路上设置了工程车指定车道。

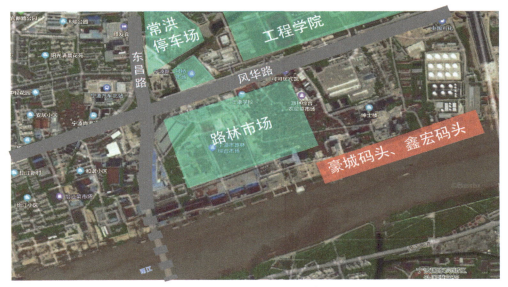

图 14-6 风华路周边吸引点

14.2.2 优化设计要点及提升效果

◎ **优化设计要点**

如图14-7至图14-9所示，风华路红线宽度68m，双向6车道再加两侧各1机1非

图14-7 风华路现状

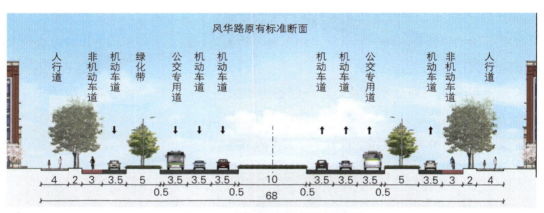

图14-8 风华路原有标准断面布置图

图14-9 风华路工程车指定车道标准断面布置图

两个辅道，4块板结构，其中主车道两侧设有高峰专用的公交专用道。综合考虑公交车和工程车的车型影响，由于现状公交专用车道已位于主车道最外侧车道，工程车指定车道设置在最内侧车道，远离公交车通行。在路段上设置工程车转向提前变道提示标志。

风华路（东昌路至兴海路段）西往东方向道路断面由 4 车道变为 3 车道，按照不妨碍公交车行驶的原则，将路段工程车车道设置在靠近中央绿化最近的车道。风华路与兴海路交叉口西进口方向直行车道有两个，将靠近路段工程车车道的直行车道设置为交叉口工程车车道（即靠近中央绿化带的第三车道）。

风华路（兴海路至豪城码头段）西往东方向路段均为 3 车道，但考虑到工程车在下一交叉口就要右转驶入豪城码头，若设置在左侧第一车道，届时工程车将需要连续右转才能驶入右转车道，对其他车辆的行驶安全将会造成威胁，因此将该段的路段工程车车道设置在第二车道（中间车道），在下一交叉口处取消工程车定道。

风华路工程车定道方案如图 14-10 至图 14-13 所示。

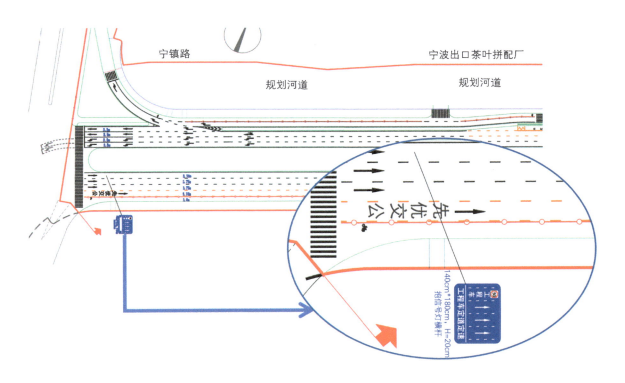

图 14-10　风华路工程车定道方案一

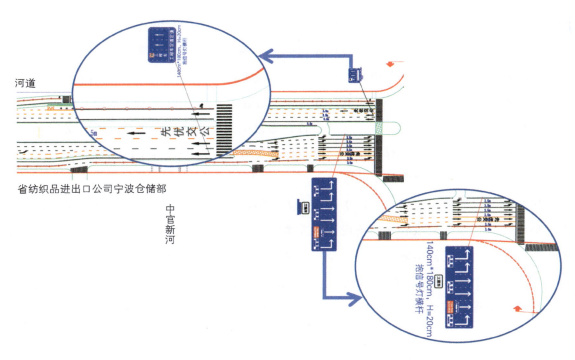

图 14-11 风华路工程车定道方案二

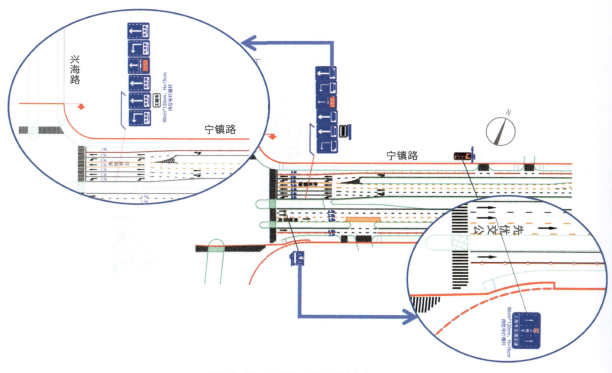

图 14-12 风华路工程车定道方案三

第 14 章 重点车辆通行组织实例

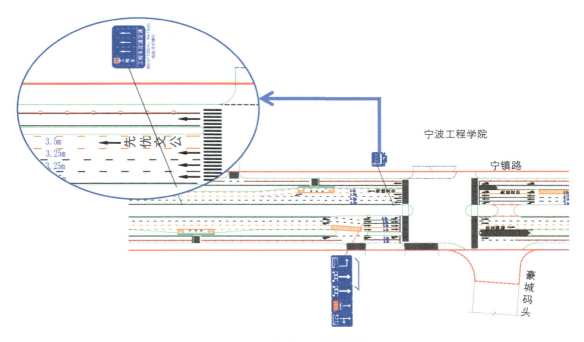

图 14-13 风华路工程车定道方案四

◎ 提升效果

风华路实施工程车定道交通组织方案后，工程车按照规定道路定道定速行驶，提高了道路通行能力，也保障了其他车辆的通行安全，如图 14-14 所示。

图 14-14 风华路工程车定道方案实施后

参考文献

［1］ 中华人民共和国交通部、中华人民共和国公安部.道路交通标志和标线 第1部分：总则：GB 5768.1—2009［S］.北京：中国标准出版社，2004.

［2］ 中华人民共和国交通运输部、中华人民共和国公安部.道路交通标志和标线 第2部分：道路交通标志：GB 5768.2—2022［S］.北京：中国标准出版社，2022.

［3］ 中华人民共和国交通部、中华人民共和国公安部.道路交通标志和标线 第3部分：道路交通标线：GB 5768.2—2009［S］.北京：中国标准出版社，2009.

［4］ 中华人民共和国住房和城乡建设部.城市道路交通标志和标线设置规范：GB 51038—2015［S］.北京：中国计划出版社，2015.

［5］ 浙江省公安厅.城市道路交通标志和标线设置规范：DB 33/T818—2010［S］.杭州：浙江省公安厅，2010.

［6］ 全国交通工程设施（公路）标准化技术委员会.道路交通标志板及支撑件：GB/T 23827—2009［S］.北京：中国标准出版社，2009.

［7］ 全国交通工程设施（公路）标准化技术委员会.道路交通反光膜：GB/T 18833—2012［S］.北京：中国标准出版社，2012.

［8］ 中华人民共和国公安部.道路交通信号灯设置与安装规范：GB 14886—2016［S］.北京：中国标准出版社，2016.

［9］ 中华人民共和国住房和城乡建设部.城市道路交通设施设计规范：GB 50688—2011（2019年版）［S］.北京：中国计划出版社，2019.

［10］ 中华人民共和国住房和城乡建设部.城市道路交叉口设计规程：CJJ 152—2010［S］.北京：中国建筑工业出版社，2010.

［11］ 中华人民共和国公安部.城市道路交通组织设计规范：GB/T 36670—2018［S］.北京：中国标准出版社，2018.

［12］ 中华人民共和国住房和城乡建设部.城市道路工程设计规范（2016版）：CJJ 37—2012［S］.北京：中国建筑工业出版社，2010.

［13］ 中华人民共和国住房和城乡建设部.城市道路工程技术规范：GB 51286—2018［S］.北京：中国计划出版社，2018.

［14］ 中华人民共和国住房和城乡建设部.城市道路交通工程项目规范：GB 55011—2021［S］.北京：中国计划出版社，2021.

［15］ 中华人民共和国住房和城乡建设部.城市步行和自行车交通系统规划标准：GB/T 51439—2021［S］.北京：中国计划出版社，2021.

［16］ 中华人民共和国住房和城乡建设部.城市综合交通体系规划标准：GB/T 51328—2018［S］.北京：中国计划出版社，2018.

［17］ 公安部道路交通管理标准化技术委员会.公交专用车道设置：GA/T 507—2004［S］.北京：公安部道路交通管理标准化技术委员会，2004.

［18］ 张水潮，宛岩，季彦婕，等.交通组织设计［M］.2版.北京：人民交通出版社，2022.

［19］ 公安部交通管理科学研究所.城市道路平面交叉口渠化设计手册［M］.北京：机械工业出版社，2021.

［20］ 全国交通工程设施（公路）标准化技术委员会.路面标线用玻璃珠：GB/T 24722—2020［S］.北京：中国标准出版社，2020.

［21］ 上海市规划和国土资源管理局，上海市交通委员会，上海市城市规划设计研究院.上海街道设计导则［M］.上海：同济大学出版社，2016.